D0616369

Susan Jeffers

TREMBLEZ
MAIS OSEZ !

•MARABOUT•

Published by Ballantine Books.
Copyright © 1987 by Susan Jeffers.
Titre original : *Feel the fear and do it anyway*.
© Marabout, 2001, pour la traduction française.
Traduction : Denis Montagnon.

Toute reproduction d'un extrait quelconque de ce livre par quelque procédé que ce soit, et notamment par photocopie ou microfilm, est interdite sans autorisation écrite de l'éditeur.

SOMMAIRE

Introduction
Ouvrez la porte !

Sous quelle forme la peur se manifeste-t-elle chez vous ? Vous avez peur de parler en public, de vous imposer, de prendre des décisions, de rencontrer des gens, de changer de travail, d'être seul, de vieillir, de conduire, de perdre un être cher, de mettre un terme à une relation amoureuse ?

Vous éprouvez un sentiment de crainte devant l'une de ces situations ? Devant toutes celles que j'ai citées et d'autres encore ? Allez, ce n'est pas si grave ! Bienvenue au club !

La peur est partout

La peur semble être un mal endémique dans notre société. Commencer quelque chose nous fait peur. L'achever nous fait peur. On s'affole devant le changement et la crainte de ne pas être à la hauteur. On est effrayé par le succès comme par l'échec. Et la vie nous terrorise presque autant que la mort...

Quelle que soit la peur que vous éprouvez, ce livre va vous donner les bases et les outils pour devenir plus sûr de vous. Il vous aidera à faire face. Les conseils et les méthodes qu'il contient vous permettront de ne plus connaître ces moments de souffrance, d'immobilité et de dépression qui accompagnent souvent la peur. Vous allez devenir quelqu'un d'autre, maître de vous-même, énergique et enthousiaste.

Une nécessaire rééducation

Votre incapacité à surmonter votre peur vous semble peut-être liée à un problème psychologique. Et vous vous êtes sans doute inquiété de ce qui n'allait pas chez vous...

Je suis heureuse de vous annoncer une bonne nouvelle : dans la plupart des cas, la peur est avant tout un problème d'éducation. Si vous « rééduquez » votre esprit, il vous deviendra possible d'accepter le cortège d'angoisses que certains événements engendrent naturellement. Vous ne vivrez plus vos craintes comme des obstacles à votre réussite ou à votre épanouissement. Vous parviendrez à les surmonter.

Je crois profondément que la peur peut être vaincue par une « rééducation » de l'esprit. Mon intime conviction dérive de mon expérience personnelle. Quand j'étais jeune, j'étais toujours tenaillée par toutes sortes d'angoisses. Pendant des années, je me suis accrochée à des choses qui ne me réussissaient pas.

Mon problème se manifestait en partie sous la forme d'une petite « voix intérieure » qui me ressassait sans arrêt : « Tu ferais mieux de ne rien changer à ta vie ; il n'y a rien ailleurs pour toi ; tu n'y arriveras jamais toute seule. » Vous savez, je pense, de quoi je veux parler. C'est ce monologue intérieur qui ne cesse de nous faire peser le pour et le contre, et qui finit toujours par pencher vers ce dernier et nous conseiller : « Ne prends pas de risque, tu pourrais faire une erreur que tu regretteras amèrement ! »

Accepter la vie

Ma peur ne diminuait pas. Elle ne me laissait aucun répit. Même mon doctorat en psychologie ne me fut d'aucune aide. Un jour pourtant, alors que je m'apprêtais à me rendre à mon travail, je m'aperçus que j'avais atteint un certain point de non-retour. Par hasard, je jetai un coup d'œil dans le miroir... L'image qu'il me renvoyait ne m'était hélas que trop familière : les yeux rougis et cernés à force d'avoir pleuré sur moi-même. Soudain, la rage m'envahit et je commençai à crier à mon reflet « Assez, assez, assez ! ». Je hurlais à tue-tête ma détresse, ma solitude et mon mal-être.

J'étais au bord de l'extinction de voix, mais envahie en même temps d'un étrange sentiment de soulagement et de calme, impression que je n'avais encore jamais ressentie auparavant. Sans en avoir conscience sur le moment, j'avais exprimé une force que j'avais en moi, et dont j'ignorais jusqu'à l'existence. Je me suis encore longuement regardée dans le miroir. Puis j'ai souri quand j'ai vu ma tête s'incliner comme si elle acquiesçait. Ma « voix intérieure », avec son pessimisme proverbial, s'était tue au moins provisoirement. Elle avait laissé la parole à une autre voix, qui parlait de force, d'amour, de joie et d'énergie positive. À cet instant précis, j'ai su que je ne laisserais plus ma peur occulter ce que j'ai de meilleur en moi. Je trouverais le moyen de me débarrasser de ma vision négative qui dictait mon existence. C'est ainsi que débuta mon odyssée personnelle.

Transformer sa peur en énergie positive

Un sage a dit un jour : « Quand l'élève sera prêt, le maître entrera en scène. » L'élève était prêt et les maîtres ont surgi de partout. J'ai commencé à lire, à fréquenter des ateliers, à parler à tous les gens qui voulaient bien m'écouter. Suivant toutes les suggestions et les exemples autour de moi, j'ai désappris cette façon de voir la vie qui m'avait rendue prisonnière de mes angoisses. J'entrevoyais le monde non plus comme rempli de menaces mais comme riche de joies et d'espoirs. Je me rendais compte que je poursuivais un objectif. Je faisais l'apprentissage de ce que signifie le mot amour.

En regardant autour de moi, je me suis aperçue qu'un nombre considérable d'hommes et de femmes se heurtaient à des obstacles que j'avais moi-même rencontrés et finalement réussi à surmonter. Le principal d'entre eux était la peur. Comment leur venir en aide ? Réalisant alors que les méthodes qui avaient transformé ma vie pouvaient s'appliquer à d'autres, indépendamment de l'âge, du sexe et du statut social, j'ai décidé de mettre mes théories en pratique. C'est alors que m'est venue l'idée de présenter un séminaire intitulé « Ressentez la peur et surmontez-la ».

Chaque fois que nous prenons un risque, chaque fois que nous mettons le pied en territoire inconnu, et chaque fois que nous décidons un quelconque changement, nous faisons l'expérience de la peur. Très souvent, cette angoisse nous empêche d'aller de l'avant. Elle nous paralyse. L'astuce est la suivante : il s'agit de transformer sa peur en énergie positive. Avec tous les participants à mon séminaire, nous avons vu quels étaient les obstacles qui nous empêchaient de jouir de la vie autant que nous le souhaiterions. Par le biais de cas concrets, de discussions au sein de la classe et d'exercices, nous avons appris à reconnaître ce qui nous sert d'alibi pour « rester au bord du chemin ». Enfin, nous avons pu développer différentes techniques permettant de raffermir notre confiance en nous et notre maîtrise de soi.

Ma tentative de replacer le concept de peur dans le contexte de l'éducation fut un succès complet. Mes élèves étaient stupéfaits de constater combien leur vie avait changé. Grâce à de petites transformations comportementales, elle était devenue plus facile, plus riche, et plus heureuse. Les choses s'étaient déroulées pour eux exactement de la même manière que pour moi !

Vous qui lisez ce livre, où que vous en soyez dans votre vie, reconnaissez que vous n'êtes pas exactement là où vous aviez souhaité arriver. Vous avez envie que les choses bougent. Jusqu'à présent, vous n'avez pas pu faire la démarche de changer, mais vous avez maintenant envie de prendre votre existence en main.

Au programme !

Ce livre présente le contenu de ce séminaire et le prolonge. Je l'ai écrit pour qu'un plus grand nombre de personnes encore profite de mon expérience. Il s'adresse à tous ceux et à toutes celles qui ressentent, plus ou moins confusément, que leur vie pourrait être plus belle, plus agréable et plus riche.

Je ne vous promets pas que votre nécessaire « rééducation » sera chose facile. Il faut du courage pour transformer sa vie selon ses désirs. C'est un chemin semé d'embûches, souvent imaginaires, mais aussi parfois réelles. Mais que cela ne vous dissuade pas ! Au cours de votre voyage à travers ce livre, vous allez vous familiariser avec nombre d'idées, exercices et autres techniques dont le but est de vous aider à démonter le mécanisme de la peur afin de la surmonter.

Vous allez apprendre en particulier :
• À éviter, de façon infaillible, de faire des erreurs ou de prendre de mauvaises décisions
• À vous défaire de votre vision négative des choses
• À dire « oui » à la vie
• À avoir une plus grande estime de vous
• À vous montrer plus sûr de vous
• À utiliser votre force intérieure
• À donner plus d'amour
• À avoir plus confiance
• À connaître plus de satisfactions
• À faire face à la résistance de votre entourage au moment où vous commencerez à prendre votre vie en main
• À jouir de la vie
• À réaliser vos rêves
• À vous fixer des objectifs
• À donner un sens à votre vie

Au cours de votre lecture, soulignez les passages qui vous semblent importants, de sorte que vous puissiez facilement les retrouver lorsque vous serez confronté à des situations nouvelles. Soyez persévérant ! Changer ses comportements est un travail de longue haleine qui impose la pratique d'exercices quotidiens. Votre succès dépend de votre volonté et d'une participation active de tous les instants. Assimilez ! Profitez des changements intervenus, sans jamais relâcher la bride ! Pour vous motiver, pensez au bonheur d'avoir gravi une nouvelle marche et aux satisfactions toujours plus grandes que vous éprouverez !

Quelles que soient les craintes que vous éprouvez devant la vie, il y a, quelque part en vous, un formidable potentiel. Ce pouvoir ne demande qu'à être libéré. C'est le moment ou jamais de lui ouvrir la porte !

CHAPITRE 1
DE QUOI AVEZ-VOUS PEUR ?

C'est la première séance de mon séminaire ! Pour l'instant, la salle est encore déserte. Dans quelques minutes, mon cours sur la peur va débuter devant un parterre de néophytes. Les élèves ne devraient pas tarder ; sans doute vont-ils arriver d'un instant à l'autre. Je n'ai ni les mains moites, ni l'estomac noué. J'ai ressenti ce genre de trac autrefois, mais c'est du passé maintenant. Non que je sois une vieille « routière » de l'enseignement, même si je dois vous avouer que je n'en suis plus à ma première rentrée… Je ne ressens aucune crainte parce que, en mon for intérieur, je me dis que je connais mes futurs élèves avant même de les avoir vus ! Ils seront comme tous les autres : ils vont tous essayer de faire de leur mieux et tous douteront d'en avoir fait assez. C'est toujours comme ça !

Vous n'êtes pas seul !

Pendant que mes élèves entrent un à un dans la salle, je commence à sentir monter la tension. Ils s'assoient aussi loin que possible les uns des autres jusqu'au moment où, faute de place, les derniers arrivés sont bien obligés de s'asseoir à côté d'un étudiant déjà installé. Ils ne se parlent pas. C'est à peine s'ils se regardent quand ils prennent nerveusement leur place. Je regarde leur étrange ballet avec compréhension, avec compassion même. En fait, je les aime pour le courage dont ils ont fait preuve en s'inscrivant à mon cours et en assistant à mon enseignement. Chacun d'entre eux a compris et admis que sa vie n'avait pas pris le sens qu'il souhaitait. Par leur présence ici, ils disent déjà, silencieusement, qu'ils ont envie de trouver des remèdes.

Je commence par faire un tour de table en demandant à chacun de raconter aux autres les difficultés auxquelles il se heurte. De brèves tranches de vie se succèdent avec, comme leitmotivs, un mal-être souvent ancien ou des espoirs pour l'instant inaccessibles :

— Marc en a assez de son travail qui l'ennuie. Son seul plaisir dans la vie est la peinture ; il voudrait abandonner son métier pour devenir un « vrai » artiste et vivre de ses pinceaux.

— Alice est actrice. Elle voudrait comprendre pourquoi elle se trouve toujours des excuses pour ne pas aller aux auditions quand un rôle se présente.

— Nathalie a envie de quitter son mari, après quinze ans de mariage, mais elle hésite à franchir le cap.

— Nicolas, malgré ses 32 ans, a toujours vécu avec la hantise de vieillir. Il en a assez de ce sentiment qui le déprime.

— Jeanne est une sexagénaire qui n'a pas le courage d'affronter son médecin. Celui-ci ne lui apporte jamais de réponses précises, comme si elle était une gamine !

— Patrice voudrait développer son entreprise, mais il hésite et n'arrive pas à prendre les décisions qui s'imposent.

— Laetitia voudrait faire certaines mises au point avec son mari au sujet de leur vie de couple. Elle ne parvient jamais à évoquer le sujet et remet toujours au lendemain.

— Pierre a toujours peur d'être éconduit quand il propose un rendez-vous à une femme. Il voudrait que cela change et être plus sûr de lui.

— Laurence ne comprend pas pourquoi elle est malheureuse, alors qu'elle a pourtant tout ce qu'elle peut désirer dans la vie.

— Richard vient de prendre sa retraite. Il se sent inutile et craint que sa vie n'ait désormais plus de sens.

Et ainsi de suite jusqu'à ce que tout le monde ait raconté son histoire.

Je suis fascinée de voir les effets de ce tour de table. Pendant que chacun parle et ouvre son cœur aux autres, l'atmosphère change dans le groupe. La tension, présente dans les premières minutes, retombe rapidement. Avant même que la dernière personne ne se soit exprimée, une atmosphère de cordialité et de camaraderie s'est créée. L'angoisse que je pouvais lire sur chacun des visages a disparu. Au contraire, c'est un grand soulagement que je constate maintenant. Mieux, une certaine fraternité lie les participants !

Ce phénomène n'a rien de surprenant : mes élèves ont tout simplement réalisé qu'ils n'étaient pas les seuls à être angoissés. Ils ont également compris à quel point les autres deviennent intéressants quand ils s'ouvrent sincèrement pour exprimer leurs sentiments.

Ce scénario s'est répété à chaque fois de la même manière, pour toutes les classes dont j'ai eu la charge. Vous vous étonnez peut-être d'un effet aussi spectaculaire, étant donné les différences de situations sociales, la diversité des histoires personnelles, et l'extrême variété des attentes intimes de chacun. Pourtant, tous ces clivages et autres distinctions individuelles passent rapidement au second plan pour laisser éclater ce qui, humainement, se retrouve chez chacun. Ce point commun, c'est la peur qui les empêche tous – à différents titres – de vivre pleinement.

Le premier niveau de la peur

Il concerne les appréhensions que tout le monde est susceptible de ressentir devant une situation rencontrée dans la vie, qu'elle soit naturelle ou accidentelle, ou devant un acte et une décision difficiles à poser. Répartis selon ces deux catégories (situations rencontrées dans la vie et actions à entreprendre), voici quelques exemples de ces peurs les plus fréquentes.

• *Situations rencontrées dans la vie :*
– la vieillesse
– l'infirmité
– la retraite
– la solitude
– le départ des enfants
– les soucis d'argent
– le changement
– la mort
– la maladie
– la perte d'un être cher
– l'accident

• *Actions à entreprendre :*
– reprendre des études
– prendre une décision
– changer de métier
– se faire de nouveaux amis
– s'engager dans une relation amoureuse
– mettre fin à une relation amoureuse
– téléphoner
– s'affirmer en société
– décider de suivre un régime
– subir un entretien d'embauche
– conduire
– parler en public

Comme vous pouvez l'imaginer, cette liste n'a rien d'exhaustif : je suis persuadée que vous êtes capable de l'allonger à l'infini ! Rassurez-vous et constatez, comme les élèves de ma classe, que vous n'êtes pas seul à éprouver certaines des angoisses évoquées ci-dessus, voire de connaître la plupart d'entre elles. Peut-être frémissez-vous en vous rendant compte que votre quotidien est fait de l'ensemble de ces hantises… Pas de panique, il n'y a rien de surprenant là-dedans. La peur présente une particularité insidieuse : elle s'infiltre partout ! Prenons un exemple : si vous avez peur de vous faire de nouveaux amis, il est logique de supposer

que vous ressentirez quelque appréhension avant
une soirée. Sans doute hésitez-vous également à pos
pour un nouvel emploi, c'est-à-dire à subir un entretie
d'embauche. Peut-être craignez-vous aussi de vous investir
affectivement ou d'avoir des relations sexuelles avec un
nouveau partenaire…

Le deuxième niveau de la peur

Les peurs que j'appellerais du deuxième niveau diffèrent
des précédentes en ce sens qu'elles ne dépendent pas d'une
situation extérieure donnée. Elles sont l'expression de votre
moi profond et de votre difficulté à faire face à l'adversité.
Schématiquement, on pourrait dire qu'elles intéressent
l'ego.

Voici quelques exemples pour clarifier les choses :
– l'exclusion
– le succès
– l'échec
– la vulnérabilité
– la duperie
– l'impuissance
– la désapprobation
– la mésestime de soi

Comme elles sont liées à votre état d'esprit, ces peurs
risquent d'avoir des conséquences très graves sur le cours de
votre vie. Par exemple, si vous craignez d'être rejeté, cette
angoisse va affecter toutes les sphères de votre vie – amitié,
vie professionnelle, sexualité, etc. Une exclusion restera
toujours vécue comme telle, quelles que soient les circonstances qui en sont à l'origine. Progressivement, vous allez
donc vous protéger du risque d'être rejeté jusqu'à en arriver, au bout du compte, à vous imposer vous-même des
limites. En clair, vous allez poser des barrières entre le
monde et vous, c'est-à-dire vous enfermer pour éviter de
vous exposer aux risques que vous craignez.

ème niveau de la peur

...és à l'aspect pratique du problème, à ...la plus forte de toutes, celle qui paralyse. ...votre ceinture… Elle se résume en quelques ...« Je n'arrive pas à faire face. »

...j'imagine d'ici votre mine déconfite. Alors, tous ces longs préambules pour en arriver là ? Quelle déception ! Allez, je sais que vous vous attendiez à quelque chose d'un peu plus spectaculaire, ou de plus effrayant… Pourtant, la vérité est là, limpide comme de l'eau de roche : à l'origine de vos angoisses, quelles qu'elles soient, il y a simplement la peur de ne pas savoir comment affronter l'événement qui se présentera.

• *Pour bien comprendre cela, reprenez les exemples des peurs de premier niveau. Elles peuvent se traduire de la manière suivante :*
   – la vieillesse : je ne peux pas affronter le fait de vieillir
   – l'infirmité : je ne peux pas affronter le fait d'être infirme
   – la retraite : je ne peux pas affronter le fait de me retrouver inactif
   – la solitude : je ne peux pas affronter le fait d'être seul
   – le départ des enfants : je ne peux pas affronter le vide laissé par départ de mes enfants
   – les soucis d'argent : je ne peux pas affronter des problèmes financiers
   – le changement : je ne peux pas affronter une situation nouvelle
   – la mort : je ne peux pas affronter la mort
   – la maladie : je ne peux pas affronter la maladie
   – la perte d'un être cher : je ne peux pas affronter le deuil
   – l'accident : je ne peux pas affronter un accident

• **Quant aux actions à entreprendre, elles peuvent également se traduire ainsi :**

– reprendre des études : je ne peux pas affronter l'échec à un examen

– prendre une décision : je ne peux pas affronter le risque d'erreur

– changer de métier : je ne peux pas affronter l'abandon de mon emploi actuel

– se faire de nouveaux amis : je ne peux pas affronter l'idée de m'impliquer dans de nouvelles relations

– s'engager dans une relation amoureuse : je ne peux pas affronter le fait qu'il ou elle me quitte

– mettre fin à une relation amoureuse : je ne peux pas affronter le fait de changer de partenaire ou de me retrouver seul

– téléphoner : je ne peux pas affronter le fait de parler à un interlocuteur inconnu

– s'affirmer en société : je ne peux pas affronter l'idée de devoir m'intégrer dans un groupe

– décider de suivre un régime : je ne peux pas affronter l'idée de ne pas maigrir

– subir un entretien d'embauche : je ne peux pas affronter la déception de ne pas obtenir cet emploi

– conduire : je ne peux pas affronter le fait de risquer de mal conduire

– parler en public : je ne peux pas affronter la peur d'être ridicule

• **Les peurs de deuxième niveau s'interprètent ainsi :**

– l'exclusion : je ne peux pas affronter le fait de me sentir exclu

– le succès : je ne peux pas affronter les conséquences du succès

– l'échec : je ne peux pas affronter l'échec

– la vulnérabilité : je ne peux pas affronter mon impression de vulnérabilité

– la duperie : je ne peux pas affronter la peur d'être trompé

– la désapprobation : je ne peux pas affronter un refus

– la mésestime de soi : je ne peux pas affronter une image de moi dévalorisée

• Voici pourquoi je ne m'étends pas sur les peurs du troisième niveau que je résume en cette seule exclamation : « Je n'arrive pas à faire face ! » Si vous étiez certain de pouvoir affronter n'importe quelle situation, de quoi diable pourriez-vous bien avoir peur ? De rien, bien sûr !

Je comprends tout à fait que la lecture de ces lignes ne doive pas vous faire sauter de joie… Et pourtant, croyez-moi : ces quelques mots lèvent déjà une bonne partie du voile. Ils signifient, tout simplement, que vous pouvez faire face à vos angoisses sans avoir à exercer le moindre contrôle sur le monde extérieur. Vous n'avez plus à contrôler ce que font votre partenaire, vos amis, vos enfants ou votre patron. Vous n'avez plus besoin d'être sur le qui-vive lors d'un entretien, ni d'être constamment préoccupé par vos problèmes de travail, votre nouveau métier, l'état de vos finances ou par vos actions en général. N'est-ce pas déjà un immense soulagement ?

Avoir confiance en soi

Pour diminuer votre peur face à un événement quelconque, la seule chose que vous ayez à faire est d'avoir confiance en vous.

J'insiste beaucoup sur ce point parce qu'il me paraît essentiel. À partir de maintenant, chaque fois que vous sentirez la peur monter en vous et vous nouer l'estomac, souvenez-vous que c'est simplement parce que vous manquez de confiance en vous. Pour vous aider à faire face à la situation, commencez par mettre en application un ou plusieurs des moyens énoncés plus loin dans ce livre. Cela n'a rien de bien compliqué : il n'y a qu'à suivre les pistes que je vous donne.

On m'a souvent demandé d'où venait ce manque de confiance que nous avons en nous-mêmes. Je suis désolée, mais je n'ai pas vraiment de réponse à apporter à cette question. Je sais qu'il existe une peur salutaire et instinctive qui nous prévient naturellement du danger : c'est ce que l'on appelle souvent le « bon stress ». Les autres peurs nous empêchent de nous épanouir. Négatives et même destructrices, elles conditionnent nos comportements et nous empêchent de vivre en toute sérénité.

Pas plus que moi, j'imagine, vous n'avez jamais entendu une mère dire à son enfant avant d'aller à l'école : « Prends le maximum de risques aujourd'hui, mon chéri. » Elle lui prodigue plutôt une foule de recommandations du type : « Fais bien attention en traversant » ou encore « Sois prudent, mon ange ». Bien que parfaitement compréhensibles, ces conseils maternels contiennent en fait un double message : d'une part, que le monde est un danger ; et, d'autre part, l'idée que l'enfant ne sera pas capable d'affronter d'éventuels périls extérieurs. En réalité, les phrases de cette maman peuvent se traduire de la manière suivante : « S'il t'arrive quelque chose, *je* ne serai pas capable d'affronter une telle épreuve. » En fait, c'est son propre manque de confiance que cette mère exprime en conseillant à sa progéniture d'être prudente. Elle dévoile ainsi sa propre incapacité à faire face aux événements.

Je vais vous donner un exemple pour que tout cela soit bien clair. Je me souviens qu'étant enfant, je désirais de toutes mes forces une bicyclette. Ma mère refusait obstinément de m'en offrir une. Alors que je la suppliais en pleurnichant, usant de stratagèmes les plus éculés (« toutes mes copines en ont une, et elles se moquent de moi ! »), elle me répondait invariablement la même rengaine : « Je t'aime trop. Je ne voudrais pas qu'il t'arrive quelque chose. » Dans mon jeune esprit, cela voulait dire qu'elle pensait tout simplement que je n'étais pas capable de me servir d'un pareil engin. Maintenant que je suis adulte, je comprends le véritable sens de ses paroles. Elle me disait en fait : « S'il t'arrive quelque chose, je ne m'en remettrai jamais. »

Ma mère me couvait un peu trop, c'est vrai. Récemment, après une importante intervention chirurgicale, elle s'est retrouvée en service de soins intensifs, sous assistance respiratoire et alimentée par une sonde. Un jour, au moment de partir pour la laisser se reposer, je lui murmurai à l'oreille, sans avoir la certitude qu'elle pouvait m'entendre, que je l'aimais et que je reviendrais bientôt. Alors que je me dirigeais vers la porte et que je m'apprêtais à sortir de la chambre, j'entendis une faible petite voix derrière moi ; elle me disait – vous l'aurez peut-être deviné – : « Prends bien soin de toi ! » Même dans son état de semi-conscience, elle continuait à m'assener ses mises en garde ! Vous me rétorquerez – et vous aurez raison – que toutes les mères aimantes agissent comme cela… Mais, si on se mettait à comptabiliser tous les conseils de prudence et autres mises en garde que nos parents nous ont prodigués, on serait en droit de s'étonner d'avoir eu le courage – que dis-je, l'inconsciente folie ! – de quitter un jour le domicile parental !

S'avouer la vérité

L'exemple de ma mère protectrice est presque un cas d'école. L'effet de ses conseils incessants sur mon esprit d'enfant explique facilement certaines appréhensions que j'ai pu éprouver face au monde extérieur. Généralement, l'origine des angoisses est bien plus complexe, et profondément enfouie dans l'inconscient. C'est d'ailleurs le rôle du psychanalyste que d'exhumer ce passé lointain et refoulé.

Pour ma part, à condition, bien sûr, que ces peurs n'aient pas un caractère franchement pathologique ou qu'elles ne soient très mal vécues, je ne pense pas qu'il soit vital d'en connaître les sources profondes et de recourir à un tel travail d'introspection. Tel n'est pas, en tout cas, l'ambition de ce livre. Ma démarche ne consiste pas à analyser les zones d'ombre du psychisme, ni à en expliquer le pourquoi ou le comment. D'ailleurs, il est souvent difficile sinon impossible de trouver les véritables causes de nos angoisses face à certains événements quotidiens. Et quand bien même on y parviendrait, les connaître n'apporterait pas nécessairement un mieux… Comme je suis plutôt du genre pragmatique et que j'aime l'efficacité, je vous donne un bon conseil : si quelque chose vous gêne, envisagez simplement la situation incriminée, et agissez de façon à apporter le changement qui s'impose.

Vous avez du mal à admettre que votre manque de confiance vous empêche de mener votre vie comme bon vous semble ? Réfléchissez sereinement et osez regarder la vérité en face ! Ne vous lamentez pas sur vous-même et ne gaspillez pas votre énergie à vous demander pourquoi vous en êtes arrivé là : cela n'a aucune importance et, qui plus est, cela ne vous fera pas avancer d'un iota ! Au contraire, si vous avouez manquer de confiance en vous-même, alors vous subirez une sorte d'électrochoc. Cette « révélation » aura l'effet d'un véritable coup de projecteur sur les choses que vous devez changer.

Tout peut m'arriver, je saurai faire face !

La première chose à faire pour surmonter ses peurs est donc de développer votre confiance en vous. Quand vous aurez atteint ce but, vous serez capable de dire : « Il peut m'arriver n'importe quoi, je serai capable de faire face. »

J'entends déjà le concert des incrédules et des sceptiques. « Dites-moi, votre discours est bien joli, mais vous sentirez-vous aussi invincible quand il s'agira d'affronter le chômage, la maladie, le décès d'un proche ou votre propre mort ? » Bien sûr, je comprends votre défiance. D'ailleurs, je suis moi-même demeurée longtemps incrédule avant d'être conquise par les résultats bénéfiques de la méthode présentée dans ce livre. Laissez-vous prendre à votre tour, c'est une chance que j'ai saisie et que j'aimerais faire partager au plus grand nombre. Au fil de ces quelques pages, je suis persuadée de vous convaincre et de vous aider à comprendre que vous êtes parfaitement capable d'affronter n'importe quelle situation si vous parvenez à surmonter vos appréhensions. Pour l'instant, vous n'avez qu'une seule chose à faire, retenir ces quatre mots : « Je peux tout affronter ! » Cette phrase doit devenir votre devise !

Chapitre 2
La peur
ne vous quittera pas !

Caroline attend encore d'être délivrée de son angoisse de reprendre des études pour réaliser son rêve : devenir styliste. Elle a toujours juré dur comme fer qu'elle suivrait une formation professionnelle dès que ses enfants seraient scolarisés. Aujourd'hui, son petit dernier va bientôt entrer en CM 2 : cela fait quatre ans qu'il fréquente l'école primaire… Caroline n'a jamais été à court d'excuses pour justifier son immobilisme et repousser sa décision aux calendes grecques. Au début, elle disait qu'elle voulait être à la maison quand ses enfants rentreraient de l'école. Puis, elle s'est demandé si elle aurait les moyens de financer des études, avec toutes les traites qu'elle a déjà chaque mois. Parfois, elle avançait le prétexte que son mari allait se sentir délaissé !

La logique d'échec

Décider de reprendre des études ou de suivre une formation réclame, il est vrai, une certaine organisation. Mais rien n'excuse cependant les perpétuels atermoiements de Caroline. Son mari, malgré ce qu'elle affirme, est tout à fait disposé à l'aider. Il a envie qu'elle s'investisse dans un métier qui la passionne et dans lequel elle puisse s'épanouir. Pour l'encourager, cet époux modèle lui dit même qu'il prendra une part encore plus active dans les tâches ménagères et qu'il s'occupera des enfants. Ainsi, elle aura le temps d'étudier plus sereinement.

Las, rien n'y fait ! Quand Caroline commence à composer le numéro de téléphone de l'école de stylisme pour convenir d'une entrevue, quelque chose l'arrête : « J'appellerai quand je serai plus calme », dit-elle à chaque fois. Ou bien : « Je ne me sens pas très bien, j'appellerai un jour où j'irai mieux, où je me sentirai moins nerveuse. » Comme vous pouvez facilement l'imaginer, Caroline va probablement attendre très longtemps…

Caroline est dans une logique d'échec. Elle attend désespérément l'instant où sa peur la laissera un peu tranquille pour se décider à décrocher son téléphone et à faire le premier pas. En réalité, son angoisse ne l'abandonnera pas. Elle ne pourra jamais surmonter cet obstacle tant qu'elle n'aura pas pris conscience que c'est sa peur, uniquement, qui l'empêche d'agir et la paralyse. Elle ne se rend pas compte de ce qui semble pourtant évident à tous ceux qui sont parvenus à surmonter un jour leur appréhension pour, comme on dit, se lancer.

Je ne jette pas la pierre à Caroline : elle est loin d'être seule dans son cas. Moi aussi, pendant des années, je suis restée « aveugle », jusqu'au jour où un événement m'a contrainte à ouvrir les yeux : mon divorce. Avant cette séparation, j'étais un peu comme une enfant. Je laissais mon mari prendre en charge tous les aspects pratiques de mon existence. Quand je me suis retrouvée seule, je n'ai pas eu le choix : il fallait que je fasse tout moi-même. Faire des choses que vous jugerez sans doute dérisoires, comme changer une ampoule électrique ou bricoler, me procurait une intense satisfaction. J'ai vécu le premier soir où j'ai invité des amis à dîner chez moi, en qualité de célibataire, comme un énorme pas en avant. Je me sentais libre. Et je ne vous raconte pas l'euphorie où j'étais la fois où j'ai acheté des billets d'avion pour mon premier voyage en solo ! Je m'en souviens comme si c'était hier !

En accomplissant ainsi des choses moi-même, je jouissais intérieurement de ma toute nouvelle assurance. Tout n'était bien évidemment pas rose, loin de là, dans ma vie de divorcée : pas mal d'aspects étaient même franchement pénibles, et je devais sans cesse me battre, faute d'expérience. En fait, j'étais un peu comme un bébé qui apprend à marcher et trébuche à tout instant. Mais, une fois que j'avais réussi à franchir victorieusement une marche, je me sentais plus sûre de moi, prête à affronter le prochain obstacle. En résumé, j'apprenais enfin à prendre ma vie à bras-le-corps.

Ma confiance en moi s'affirmait peu à peu. Cependant, je n'en continuais pas moins à ressembler à Caroline : j'attendais le moment où mes angoisses s'envoleraient d'elles-mêmes. Dès que je me hasardais en terre inconnue, j'étais plutôt effrayée et paralysée par la timidité. « Bon, me disais-je, restes-en là ! L'angoisse va un jour finir par te laisser tranquille. » Comme Caroline et comme beaucoup d'entre vous qui lisent ce livre, j'ai vécu dans l'attente que la peur me quitte avant même de prendre le moindre risque. « Quand je n'aurai plus peur, alors j'aurai le courage d'oser ! » Pendant des mois et même des années, j'ai joué à ce jeu du « quand » et du « alors ». Comme vous l'imaginez, j'aurais pu attendre longtemps... Heureusement, un jour s'est produite une étincelle et j'ai compris subitement, dans un éclair de lucidité, la « vérité » suivante :

La peur ne me quittera pas aussi longtemps que j'évoluerai

Tant que je suis confrontée aux réalités du monde extérieur, aussi longtemps que je mets mes capacités à l'épreuve et que je dois prendre des risques pour faire en sorte que mes rêves deviennent réalité, je vais être confrontée à la peur et à l'appréhension.

Me rendre compte de cette vérité fut pour moi une profonde révélation ! Évidemment, je me doute que cela ne déclenche pas forcément chez vous un enthousiasme délirant... Comme mes élèves, vous espériez probablement que je vous propose une recette miracle ou quelque formule de sorcellerie. Désolée, mais les baguettes magiques n'existent que dans les contes de fées !

Mais au fait, au lieu d'être déçu, ne devriez-vous pas au contraire être soulagé ? En acceptant le fait que votre angoisse ne vous quittera pas, voilà une bataille que vous n'aurez pas à livrer ! D'ailleurs, si vous voulez mon avis, elle était perdue d'avance !

Voilà simplement comment vous devez vous y prendre : cherchez à avoir de plus en plus confiance en vous en suivant les exercices proposés dans ce livre. Vous verrez, vos rapports avec la peur changeront radicalement !

Agir et se dépasser

Peu de temps après avoir compris que ma peur ne me quitterait jamais, j'ai fait une autre découverte qui a contribué pour beaucoup à mon épanouissement personnel. J'ai compris que la seule façon de vaincre sa peur est de passer à l'action et de prendre une décision qui engage.

Vous l'avez vous-même probablement remarqué : l'angoisse liée à certaines situations s'évanouit quand vous vous jetez à l'eau. C'est par exemple le cas des acteurs, tous morts de trac avant que le rideau se lève, et dont le stress disparaît à l'instant même où ils entrent en scène.

J'ai moi-même vécu ce genre de chose quand je préparais mon doctorat. Parallèlement à mes études, je donnais des cours à des élèves à peine plus jeunes que moi. J'étais encore étudiante moi-même, j'avais l'impression d'avoir d'énormes lacunes et je doutais de mes connaissances, même dans ma spécialité, en l'occurrence la psychologie du troisième âge. Je vous laisse imaginer la terreur que j'ai pu ressentir avant mon premier cours, m'imaginant devant parler devant un amphithéâtre plein comme un œuf une heure durant ! Trois jours avant le jour J, j'avais l'estomac noué à la seule pensée de cette épreuve. Je me réveillais en sursaut chaque nuit...

Espérant mettre toutes les chances de mon côté, j'ai préparé mon cours avec acharnement : en tout, j'ai dû plancher huit heures pour préparer cette unique heure d'enseignement. Au final, je devais avoir assez de notes pour tenir au moins trois heures ! Mais mon angoisse n'était pas soulagée pour autant ! Les jours passèrent dans les affres que je vous laisse imaginer. Quand je pénétrai enfin dans la salle pour donner mon cours, j'avais l'impression de monter sur l'échafaud. Je me retrouvais derrière le bureau, près du tableau noir, face à toutes ces têtes qui me regardaient. Au début, mon cœur battait la chamade, mes genoux tremblaient, et j'avais une voix hésitante. Au fur et à mesure, je me suis détendue et j'ai pu mener à bien cette épreuve.

La semaine suivante, pour mon second cours, j'étais déjà un peu moins tendue mais, je vous l'avoue, encore angoissée et pleine d'appréhension. Heureusement, j'ai mieux vécu cette seconde conférence. Je crois d'ailleurs que, dans le cas contraire, j'aurais sans doute définitivement abandonné l'enseignement ! Déjà, je commençais à me familiariser avec les visages et à connaître le nom de la plupart des élèves. Mon troisième cours se déroula mieux encore que le second. J'étais plus détendue et je n'avais plus peur de ne pas pouvoir répondre à d'éventuelles questions. À partir de ma sixième conférence, c'est avec un réel plaisir que je suis entrée dans l'amphithéâtre. Cela se remarquait sans doute : les échanges avec les étudiants étaient plus vivants, plus amicaux, et aussi plus stimulants. Un jour que je marchais dans le couloir de la faculté en direction de cette salle autrefois si redoutée, j'ai réalisé que je ne ressentais plus aucune angoisse : ma peur s'était métamorphosée en une délicieuse impatience !

Il m'a fallu plusieurs heures d'enseignement avant d'être capable de parler avec aisance sans rester rivée à mon bureau, pour avoir toujours près de moi ma bouée de sauvetage, c'est-à-dire mes liasses de notes… Insensiblement, je me suis aperçue que je les utilisais de moins en moins. Je bougeais et j'osais m'éloigner avec une seule feuille en main, la seule importante en fait, qui résumait les différents points que je me proposais d'aborder.

Je mesurais mes progrès par rapport à ma première heure de cours. J'éprouvais toujours une certaine appréhension, mais je me jetais à l'eau. En d'autres termes, j'avais réussi à me débarrasser de ma peur d'enseigner. Il s'est passé quelque chose d'analogue quand j'ai fait, plus tard, des interventions dans le cadre de plusieurs émissions de télévision. Une nouvelle fois, j'étais morte de peur, mais mon appréhension s'est atténuée avec le temps jusqu'à pratiquement disparaître. En décidant d'agir et de m'exposer, c'est-à-dire en « passant à l'acte », j'ai vaincu ma timidité et je suis même devenue une intervenante hors pair !

Avoir une bonne estime de soi

L'amour-propre est un élément non négligeable. Autour de vous, vous avez sans doute souvent entendu des réflexions du type : « Quand je me sentirai mieux, alors je me déciderai à faire telle ou telle chose. » Ou encore : « J'ai mauvaise mine en ce moment et je n'ai guère le moral, je préfère attendre une période plus favorable. »

Là encore, je sais de quoi je parle, car j'ai moi-même longtemps donné dans le panneau. Je me suis souvent dit que, si je pouvais avoir une bonne image de moi-même, mes angoisses s'évanouiraient comme par enchantement. Alors, je me déciderais à agir. Le hic, c'est que je ne voyais pas très bien comment faire pour avoir une meilleure estime de moi. Peut-être que l'âge aidant, en mûrissant, les choses se feraient toutes seules, naturellement. Les réactions et les diverses stimulations de mon entourage m'aideraient certainement. Et qui sait, un miracle pourrait aussi se produire ; un jour, par Dieu sait quel déclic, je me réveillerais tout à coup comme une personne extraordinaire.

Je crois aux vertus de l'autosuggestion. Je pense que chercher à se persuader qu'on a de la valeur, des compétences et des qualités, n'est pas inutile. On peut finir par s'en convaincre, ce qui ne peut pas faire de mal et même donner un petit coup de pouce. Cependant, ce qui a fait vraiment la différence à mon avis, c'est le sentiment d'avoir accompli quelque chose. C'est ce que j'ai ressenti en dépassant ma peur d'enseigner, et je me suis lancée en prenant des risques.

Se sentir mieux

Agissez et lancez-vous dans l'aventure, c'est seulement après que vous vous sentirez mieux dans votre peau. En provoquant un événement, vous faites coup double. D'une part, vous éloignez la peur qui vous paralysait, mais vous obtenez une chose sans doute plus précieuse encore : vous gagnez en assurance. Après avoir surmonté une épreuve et vous être libéré de votre peur, vous vous sentirez bien. Je parierais même que, dans l'euphorie de ce succès, vous aurez envie de vous attaquer à un nouvel obstacle. Et là, devinez la suite ! La peur reviendra vous étriller alors que vous vous apprêtiez à relever un nouveau défi. Étrange ? Non, rien que de très normal en vérité. Souvenez-vous : comme je vous l'ai déjà dit, la peur a l'insidieuse particularité de s'infiltrer partout.

Un mal partagé par tous

La peur, si j'ose dire, c'est mon affaire. Je crois bien la connaître. J'ai suivi une kyrielle d'ateliers de travail et de séminaires sur la manière de la surmonter. Un jour, je me suis rendu compte d'une chose qui m'a infiniment soulagée. Allez, je ne vais pas vous faire languir plus longtemps ! Voilà cette importante vérité :

Vous n'êtes pas seul à faire l'expérience de la peur en pénétrant en territoire inconnu. C'est la même chose pour tout le monde. Chacun éprouve ce genre de sentiment.

Quand j'ai eu cette révélation, je me suis demandé : « Alors, toutes ces personnes que j'enviais parce qu'elles ne craignaient pas de se jeter à l'eau, elles ressentaient la même peur que moi ? Mais pourquoi personne ne me l'a jamais dit ? » Il faut croire que je ne m'étais jamais posé la question. J'imagine que cela doit aussi être votre cas. Croyez-moi, vous n'êtes pas la seule personne « inadaptée » en ce bas monde. Vous n'êtes pas non plus, et loin de là, un cas isolé. N'est-ce pas encore un immense soulagement que de ne pas vous sentir seul dans la souffrance ?

Je me souviens d'un article, vieux de quelques années maintenant, qui évoquait une anecdote au sujet d'une éminente personnalité politique dont je tairai le nom. L'homme en question, réputé pour être un dur-à-cuire et ne pas avoir froid aux yeux, avait dû participer à un spectacle comique devant de jeunes enfants. C'est difficile à croire, mais ce politique habitué à parler lors des meetings, à affronter des manifestants en colère, à s'entretenir avec les grands de ce monde et à manipuler des dossiers sensibles, était complètement terrorisé à l'idée de revêtir un costume de scène ! Il était paniqué de devoir se donner en spectacle devant une poignée de têtes blondes. Bref, il avait peur du ridicule.

Maintenant que vous connaissez certains secrets de la peur, vous ne serez pas surpris de l'angoisse qui le tenaillait. Un spectacle de théâtre était un domaine entièrement nouveau pour ce vieux routier des combats politiques. Il était un homme public, habitué à donner une image de sérieux, et il lui fallait faire exactement l'inverse ! Voilà la fin de l'histoire : il surmonta sa peur et joua son rôle à la perfection, multipliant même les gags qui faisaient rire les enfants. Il avoua par la suite que cette expérience lui avait été très profitable, et que sa confiance en lui s'en était trouvée renforcée. Bref, il était fier d'avoir été acteur comique. Vous voyez, même ceux que l'on considère comme des surhommes, énarques rompus aux exercices les plus périlleux et autres orateurs exceptionnels, connaissent eux aussi la peur. Votre cas n'a rien d'extraordinaire, bien au contraire !

En parcourant la presse, en lisant des livres ou en regardant la télévision, vous trouverez nombre de cas semblables à celui que je viens d'évoquer. Pourtant, tant que vous ne comprendrez pas les tenants et les aboutissants de l'angoisse qui vous paralyse, vous ne pourrez jamais faire le rapprochement entre les expériences des autres et les vôtres. Comme il s'agit de célébrités, vous vous direz que leur statut de personnage public les aide à surmonter leurs angoisses. Ou bien qu'ils sont habitués à se mettre en avant et qu'ils n'ont pas, comme vous, un effort surhumain à produire. Désolée de vous le dire de manière aussi crue, mais vous faites fausse route. C'est justement parce qu'ils ont pu surmonter des hantises terribles qu'ils sont devenus ce qu'ils sont. Et ils continuent encore d'affronter leur peur, jour après jour.

Un duel avec la peur

Tous ceux qui ont gagné leur bataille contre la peur ont compris, plus ou moins consciemment, le message contenu dans ce chapitre : il faut accepter sa peur, la surmonter et agir malgré tout. L'un de mes amis, un brillant *self-made man* auquel tout réussit, est un jour tombé par hasard sur l'intitulé de mon cours. En opinant du bonnet, il m'a dit : « Oui, tu as raison. À chaque décision, à chaque moment important, j'étais plein d'appréhension et angoissé. Pourtant, cela ne m'a jamais empêché de prendre les risques nécessaires à l'accomplissement de mes projets. Je mettais de côté mes angoisses. J'avançais envers et contre tout. Je m'efforçais de penser à une seule chose : réussir et donner une forme concrète à mes idées. »

Si vous n'engagez pas ce bras de fer avec la peur, et si vous ne vous décidez pas à la surmonter, alors vous aurez tendance à temporiser, à attendre vainement que le contexte devienne plus favorable. Comme je vous l'ai déjà dit, vous perdrez votre temps, car vous trouverez toujours un nouveau prétexte pour remettre votre décision à plus tard. Votre angoisse restera vécue comme un signal de retraite au lieu d'être perçue comme une sorte de feu vert qui vous invite à avancer. Pour sortir de cette prison que vous vous imposez, il vous faut impérativement revoir votre mécanisme de pensée, en clair, commencer une nécessaire rééducation.

La peur la plus insidieuse

Pour en finir avec l'évocation des différents aspects de la peur, j'aimerais vous parler d'une chose qui me paraît extrêmement importante. C'est un problème que mes étudiants ont souvent soulevé. Un jour, l'un d'eux m'a demandé : « Pourquoi diable irais-je me mettre dans la position inconfortable qu'engendre toute prise de risques ? Pourquoi ne pas continuer tranquillement mon petit bonhomme de chemin comme je l'ai toujours fait ? » Ma réponse à l'intéressante question de cet élève va peut-être vous paraître surprenante. La voici :

Surmonter son appréhension à agir engendre moins d'angoisse que de vivre constamment avec la peur souterraine créée par un sentiment d'impuissance et d'insatisfaction.

Je sais qu'il n'est pas facile d'accepter *a priori* cette idée. Pourtant, elle est le fruit de l'observation et le reflet de la réalité. Quel que soit votre sentiment de sécurité au sein du petit cocon que vous vous êtes construit, vous vivez, consciemment ou inconsciemment, avec la crainte qu'un jour ou l'autre viendra l'heure de vérité, c'est-à-dire de la confrontation avec un événement. Quand vous serez en face de situations sur lesquelles vous n'aurez aucun contrôle – perte d'emploi, décès de votre conjoint, etc. –, vous serez faible et totalement démuni. La lame de fond qui vous submergera n'en sera alors que plus terrifiante. Même si de telles catastrophes ne surviennent pas, vous les vivrez comme autant d'éventualités. Elles deviendront des obsessions : « Que se passera-t-il si… ? » Et la peur s'insinuera partout dans votre existence.

C'est tout le paradoxe de l'angoisse : en refusant de prendre des risques, on se crée un monde bien plus aliénant et inquiétant qu'en s'exposant à des risques qui nous permettent, au bout du compte, de mieux-vivre. Le problème, c'est que la plupart d'entre nous n'en ont pas conscience.

Voici un exemple pour éclairer mon propos. Il s'agit de Christine, une femme au foyer qui a toujours planifié sa vie de façon à prendre le moins de risques possible. Elle a épousé un brillant homme d'affaires, un « bon parti » comme on dit, qui assure financièrement la vie du foyer. Pendant des années, Christine est aux anges. Elle n'a que le souci de préparer le dîner, de recevoir les amis, et de décorer sa belle maison. Sa vie confortable ressemble à un paradis, et son mari déborde d'affection pour elle. Malheureusement, son époux fait une attaque qui le laisse hémiplégique. Du jour au lendemain, de femme soumise, Christine doit assumer le rôle de chef de famille...

Comme je vous le laisse imaginer, les choses n'ont guère été faciles pour Christine. Passé la colère du « Pourquoi moi ? », elle s'est mise à accepter la réalité. La prise en charge du couple pesait désormais entièrement sur ses frêles épaules. Sous le choc, elle a néanmoins réussi à tenir la barre et à assumer le quotidien. Chaque matin, elle se levait avec le sentiment que tout reposait sur elle, qu'elle n'avait pas le droit de se lamenter sur son sort, qu'il lui fallait agir coûte que coûte. Des mois plus tard, elle a commencé à éprouver un étrange sentiment de paix qu'elle n'avait jamais ressenti auparavant. Elle réalisait qu'elle avait payé le prix fort pour être autonome.

Avant l'attaque de son mari, la vie de Christine était toujours assombrie d'idées noires du genre : « Mais qu'est-ce que je ferais si... ? » Elle se faisait toujours du souci pour l'avenir, sans jamais parvenir à jouir de l'instant présent. Elle vivait avec cette perpétuelle angoisse : « Mon Dieu, que vais-je devenir s'il lui arrive quelque chose ? » Elle faisait d'ailleurs souvent cette remarque à ses amies : « J'espère que je serai la première des deux à partir. Je ne pourrais pas vivre sans lui. » Le pire, c'est qu'elle en était persuadée, ce qui soit dit en passant, vous l'avouerez, est une curieuse façon d'envisager la vie... En fait, elle a changé d'état d'esprit quand elle s'est découvert des forces qu'elle ignorait. Il aura fallu que le malheur s'abatte sur Christine pour qu'elle trouve la réponse à l'angoissante question de survivre à son époux. Elle était très simple. C'était tout bêtement : « Je ferai face. »

Avant l'attaque de son mari, Christine n'avait jamais réalisé qu'elle vivait dans la terreur. Les angoisses qui ont surgi à cette occasion n'avaient aucune commune mesure avec la vieille peur de survivre à son époux. Aujourd'hui, ce dernier a recouvré suffisamment d'autonomie pour mener une vie normale. Lui aussi a dû affronter l'une des peurs les plus redoutables, celle de rester infirme. Il a également trouvé la réponse à la question « Que ferai-je si je tombe malade ? ». Comme pour sa femme, la réponse était : « Je ferai face. » Je trouve l'histoire de ce couple très émouvante. Tous deux sont sortis grandis de l'épreuve qu'ils ont traversée. Mieux, ils ont compris le véritable sens du mot amour.

La peur, une compagne de route

Personne n'échappe à la peur. Ce n'est pas non plus une ancre qui nous amarre à jamais au port. Il faut l'envisager comme une sorte de compagnon de route qui accompagnera tous les bouleversements de notre vie.

Certaines personnes disent ne jamais avoir peur. En creusant un peu, en les questionnant avec précision, vous vous apercevrez qu'ils utilisent d'autres mots pour qualifier, finalement, cette même appréhension que vous ressentez si souvent. Ils s'avouent parfois nerveux, anxieux, tendus. Mais cela revient au même.

Tout le monde éprouve la peur à chaque étape décisive de sa vie. Même le Christ a eu peur en montant sur la Croix. Bien sûr, je ne rejette pas complètement la probabilité qu'il existe en ce bas monde quelque âme supérieure ou quelque sage ignorant superbement ce sentiment fondamentalement humain. Si je rencontre un jour un tel surhomme, je vous promets de devenir son disciple et de vous transmettre ses secrets !

Se convaincre

Dans cette optique, la première étape est d'énoncer, à voix haute au moins dix fois par jour pendant le mois à venir, ce que j'appellerais les « vérités de la peur ». Les voici :

— La peur ne me quittera pas aussi longtemps que j'évoluerai.

— La seule façon de vaincre ma peur est de passer à l'action et de prendre une décision qui m'engage.

— En agissant et en me dépassant, je me sens mieux et plus sûr de moi.

— Je ne suis pas seul à faire l'expérience de la peur lorsque je pénètre en territoire inconnu. Tout le monde ressent la même chose.

— Surmonter l'appréhension d'agir engendre moins d'angoisse que de vivre constamment avec la peur souterraine créée par un sentiment d'impuissance et d'insatisfaction.

Une bonne « rééducation » réclame de constantes répétitions. Connaître les « vérités de la peur » ne suffit pas. Il faut vous en nourrir, les répéter sans cesse jusqu'à ce que vous soyez intimement convaincu de leur bien-fondé. C'est seulement ainsi que vous changerez de comportement et que vous ferez un premier pas décisif vers la réalisation de vos désirs. Je vous expliquerai plus loin les vertus de la répétition. Pour l'heure, faites-moi confiance : n'hésitez pas à répéter encore et toujours les « vérités de la peur ».

Chapitre 3
De la souffrance au pouvoir

Dans le chapitre précédent, vous avez vu que chacun d'entre nous a peur à l'approche d'un changement. Pourtant, certains parviennent à surmonter leur angoisse et à franchir le pas malgré tout. Pourquoi pas vous ?

Que le pouvoir soit avec vous !

Le vrai problème, manifestement, n'est donc pas la peur en elle-même, mais la façon dont on la vit et les effets qu'elle produit. En gros, les phénomènes induits se résument de deux manières. Chez un premier groupe d'individus, les angoisses sont tout à fait irrationnelles : elles ont pour origine un problème de pouvoir (choix, énergie et action). Chez les seconds, la peur crée une sorte de paralysie qui les empêche d'agir : elle a pour origine un état de souffrance (faiblesse, dépression et paralysie).

Ce concept peut être schématisé de la manière suivante :

COMMENT SURMONTER SA PEUR	
Souffrance	Pouvoir
Impuissance	Choix
Dépression	Enthousiasme
Immobilisme	Action

Ce tableau montre explicitement que le secret pour surmonter sa peur est de passer d'un état de souffrance à une position de pouvoir. Le fait d'avoir peur devient alors irrationnel.

Je m'explique sur cette notion de « pouvoir », qui risque d'être mal comprise. Je sais en effet que de nombreuses personnes se crispent en entendant ce mot et le rejettent avec mépris, y voyant le synonyme de manipulation d'autrui, un rapport de force, en bref, une manière d' « écraser » autrui et de lui imposer ses choix. Le sens que je donne au mot « pouvoir » est très différent. Il n'a rien à voir avec tout cela. Je veux parler en effet du pouvoir que vous avez sur vous-même, du contrôle de votre perception du monde extérieur, et de votre comportement devant les aléas de la vie. De ce pouvoir que vous avez sur vous-même dépend votre épanouissement, votre aptitude au bonheur, votre capacité d'agir, mais aussi d'aimer les autres.

Ce que j'appelle le « pouvoir » est le reflet d'une bonne image de soi, rien d'autre, en aucun cas une quelconque forme d'égocentrisme. Au contraire, en dépit de leur besoin irrésistible de tout centrer sur eux-mêmes, les personnes égoïstes et narcissiques sont dépourvues de pouvoir. Ce manque les maintient dans un état permanent d'angoisse, car leur identité et leur existence véritables dépendent du monde extérieur. Personne n'est moins capable d'aimer qu'un individu dénué du moindre pouvoir sur lui-même. Les personnes égocentriques passent en réalité leur temps à essayer de soutirer ce pouvoir aux autres en les manipulant de toutes sortes de manières.

Le pouvoir dont je veux parler est libérateur. C'est une sorte de maîtrise de soi qui élimine l'attente stérile et passive que le monde comble vos désirs à votre place. Il ne s'agit pas d'obtenir d'autrui ce que vous souhaitez. C'est un jeu intérieur : il s'agit d'obtenir de vous-même ce que vous voulez faire vous-même. Tant que vous n'aurez pas cette force et cette volonté en vous, vous ne serez jamais vraiment en paix. Vous resterez dans une situation d'extrême vulnérabilité.

À l'attention des femmes

Par expérience, j'ai souvent constaté que les femmes étaient plus facilement déroutées que les hommes par ce concept de pouvoir. Les raisons en sont culturelles : les premiers ont été conditionnés à considérer le pouvoir comme une chose positive, tandis que les secondes, soumises par leur éducation à une certaine idée de la féminité, l'envisagent de manière plus volontiers négative.

Sauf pour quelques irréductibles machos, une femme sûre d'elle-même, qui contrôle parfaitement ses choix et le cours de sa vie, exerce une attraction magnétique. Elle est débordante d'énergie, spirituelle et positive : tout le monde recherche sa compagnie.

Vous rêvez sans doute d'être aussi attirante et entourée d'affection. Rien de plus facile, à condition de ne plus rester passive et de conquérir ce pouvoir sur vous-même. Forte de cette volonté, vous serez en outre mieux capable d'ouvrir sincèrement votre cœur. On vous aimera et vous aimerez mieux, car pouvoir et amour cheminent main dans la main.

Pour toutes mes lectrices qui pensent que pouvoir et féminité entrent en conflit, j'ai un excellent antidote. Il faudra qu'elles se répètent, matin, midi et soir, au moins 25 fois, chacun des deux préceptes suivants :

– Je suis forte et je suis aimée.

– Je suis forte et j'aime.

Ou cette variante, encore plus stimulante :

– Je suis forte et j'aime cette sensation.

Répétez dès maintenant ces trois phrases à voix haute. Laissez-vous envahir par l'énergie qu'elles contiennent. Croyez-moi, leur répétition quotidienne vous aidera à concilier pouvoir, féminité et amour.

Aplanir le chemin

Maintenant que le terme de « pouvoir » n'a plus de secret pour vous, attelons-nous à la manière de mettre en pratique au quotidien l'idée de « passer de la souffrance au pouvoir ».

Observez attentivement ce schéma très simple :

DE LA SOUFFRANCE AU POUVOIR

Souffrance –> –> –> –> –> –> –> –> –> –> Pouvoir

À vous de vous situer sur cette échelle. Je vous l'accorde, ce n'est pas facile de se jauger ainsi ! Cependant, si vous n'êtes pas complètement inhibé par vos angoisses, sans pour autant vous sentir investi d'un sentiment de pouvoir et d'exaltation qui vous fait foncer tête baissée, vous devez vous situer dans la norme, c'est-à-dire au milieu de la ligne.

Pour utiliser une image, vous cheminez dans la vie comme un randonneur de montagne chargé d'un sac à dos rempli de choses inutiles. La route est pentue, et vous devez sans cesse escalader les pierres qui font obstacle à votre progression. Toutes ces contraintes, c'est vous-même qui les avez créées avec votre souffrance. Sans elles, le chemin serait aplani, votre route radieuse et votre pas agile. Un sage oriental a parfaitement résumé cette manie des hommes de se compliquer la vie : « Leur chemin est lisse. Pourtant, pourquoi lancent-ils des pierres devant eux ? »

En utilisant ce graphique, vous allez pouvoir écarter une à une les pierres qui jalonnent votre route et empêchent vos désirs de se concrétiser. Pour savoir comment vous y prendre, je vous conseille la méthode suivante :

1. Prenez une feuille de papier, la plus grande possible, reproduisez le graphique ci-dessus et affichez le tout sur un mur devant vous. Le simple fait de réaliser cet agrandissement sera en soi bénéfique : vous vous sentirez un peu plus fort, et vous commencerez même déjà à réaliser un geste positif ! N'oubliez jamais que ce sont surtout vos actions qui vous feront avancer vers votre but : de vos actes découle une meilleure maîtrise de vous ! Cette affiche placardée au mur vous servira de pense-bête : elle doit vous rappeler en permanence la ligne de conduite que vous avez à suivre. Sa matérialisation visuelle vous motivera. Elle vous aidera à maintenir le bon cap. Croyez-moi, ce n'est pas un quelconque « gri-gri » : en suivant ce conseil, vous aurez déjà gagné la moitié de la bataille !

2. Attention tout de même à ne pas pécher par trop de sérieux et par manque d'humilité ! Pour éviter d'avoir la « grosse tête », écrivez quelque part sur votre affiche : « Les anges volent parce qu'ils se savent légers. » J'ai entendu cela il y a longtemps. J'avais trouvé cette phrase touchante, poétique, et elle m'avait fait sourire. Son rôle est de rappeler avec insistance que vous pouvez vous délester d'un grand nombre de handicaps, c'est-à-dire faire en sorte que le fardeau évoqué plus haut devienne de plus en plus léger. Plus profondément, elle vous fera comprendre qu'il faut apprendre à jouer avec la vie, plutôt que chercher à mener de vains combats.

3. Enfoncez une punaise à l'endroit de la ligne où vous vous trouvez au moment présent (ou un petit drapeau, comme le font les militaires !). Vous situez-vous au centre, dans un état de dépression ou d'immobilisme ponctué de moments où vous vous sentez plus combatif ? Êtes-vous du côté « souffrance », là où vous aurez le plus de difficultés à sortir de l'ornière dans laquelle vous êtes enlisé ? Penchez-vous du côté « pouvoir », parce que la plupart du temps vous allez de l'avant, mais avec cependant des passages à vide se concrétisant par des angoisses ? Je doute que quiconque puisse se situer aux deux extrémités. D'un côté, il y a toujours de l'espoir. De l'autre, je crois que personne ne jouit d'un pouvoir absolu sur lui-même. Même le Dalaï-Lama a ses mauvais jours ! En outre, la vie apporte chaque jour son lot de défis et de remises en question, donc d'angoisses.

4. Observez attentivement le graphique chaque jour et posez-vous cette question : « Suis-je toujours au même endroit, ou ai-je changé ? » Si c'est le cas, déplacez la punaise d'un cran.

5. Gardez toujours votre objectif bien présent à l'esprit, cela vous aidera à prendre les bonnes décisions. Avant d'agir, demandez-vous : « L'action que je vais entreprendre me fera-t-elle avancer du côté du pouvoir ? » Dans l'affirmative, foncez sans hésiter. Dans le cas contraire, réfléchissez à deux fois avant d'agir. Attention, prudence : si vous avez décidé de passer à l'action malgré tout, en sachant que vous risquez de régresser vers un état de souffrance, ne soyez pas trop dur avec vous-même si les choses tournent mal. Réfléchissez à la faille qui vous a empêché de prendre vos responsabilités. À la prochaine occasion, vous prendrez une décision différente. Utilisez vos erreurs comme des leçons et des atouts. Et souvenez-vous : à chaque fois que vous vous en voulez d'avoir pris une décision inopportune, vous vous faites souffrir inutilement.

6. Faites preuve d'humour en utilisant ce graphique. Si vous le considérez comme un jeu, vous apporterez un éclairage différent à votre situation. Si vous avez des enfants, rien ne les empêche de créer également leur propre graphique. Ainsi, vous pouvez transformer l'épanouissement individuel en un jeu familial.

À vous de juger !

Vous avez bien compris que c'est à vous, et à personne d'autre, d'apprécier votre évolution personnelle et de mesurer l'affirmation de votre confiance. En clair, c'est à vous de matérialiser vos progrès sur le graphique. Personne d'autre ne peut le faire à votre place. Votre entourage ne remarquera vraisemblablement aucun changement notable : ne comptez donc pas sur lui. Votre critère d'évaluation, qui déterminera votre positionnement sur le graphique, c'est l'impression nouvelle de paix intérieure que vous ressentirez. C'est un critère purement subjectif, qui relève de votre intime conviction.

Vous vous demandez peut-être s'il faut se donner autant de mal pour avancer juste un petit peu. Au fond, est-ce vraiment nécessaire ? À cette question, je réponds affirmativement sans la moindre équivoque. Mieux, je dirais même que c'est votre devoir !

Soignez votre vocabulaire

Au début, vous allez avoir besoin de petits « trucs » pour vous aider à tenir le cap. Le premier d'entre eux est de rester toujours concentré sur le but à atteindre, c'est-à-dire devenir davantage maître de vous-même. Vous me direz que les héros ne se rencontrent qu'au cinéma ou dans les romans, et vous aurez raison… Même si vous savez pertinemment ce que vous devez faire, rien ne dit que vous n'allez pas déraper, que vous oublierez de suivre votre ligne de conduite de temps en temps. C'est pourquoi le « pense-bête » proposé plus haut est si utile.

Pour vous aider, il est également important d'utiliser un vocabulaire adapté. Les mots que vous utiliserez auront beaucoup d'impact sur votre qualité de vie. Certains sont destructeurs, d'autres stimulants. Par expérience, voilà ceux que je vous conseille d'utiliser. Dans les cases de gauche figurent certains mots ou expressions à éviter absolument ; à droite, leurs équivalents dotés d'une connotation positive et motivante.

PETIT LEXIQUE UTILE	
À NE PAS DIRE	**À DIRE**
Je ne peux pas	Je ne veux pas
Je devrais	Je pourrais
Ce n'est pas de ma faute	Je suis entièrement responsable
C'est un problème	C'est une chance
J'espère	Je sais
Si seulement…	La prochaine fois…
Que vais-je faire ?	Je vais assumer
C'est affreux	C'est une bonne leçon
Je ne suis jamais satisfait	J'ai envie d'apprendre
La vie est un combat	La vie est une aventure

• « *Je ne veux pas* »

En disant par exemple « je ne peux pas », vous avouez votre impuissance et admettez n'avoir aucun contrôle sur le déroulement des choses. Au contraire, le fait de dire « je ne veux pas » change complètement la donne : l'action reste dans le domaine du possible ; elle demeure accessible à condition d'y mettre un peu du vôtre.

Un conseil : bannissez impérativement tous ces « Je ne peux pas » de vos habitudes de langage. Si vous ne le faites pas, votre subconscient recevra le message « Je ne peux pas » comme l'aveu d'une faiblesse, même si votre refus est motivé par des raisons très tangibles. Le subconscient ressemble un peu à un ordinateur : il enregistre simplement des données, et il n'est pas programmé pour intégrer des subtilités sémantiques. Quand vous dites à un ami « Je ne peux pas venir à ton dîner ce soir parce que j'ai une réunion importante demain », il traduit « Je ne peux pas », c'est-à-dire « Je refuse parce que j'ai peur d'y aller ». Pourtant, vous déclinez l'invitation la mort dans l'âme, parce que le devoir vous appelle. Mais cela, votre inconscient n'est pas capable de le prendre en compte.

Vous me demanderez à juste titre : « Comment expliquer ces subtilités complexes quand on m'invite à dîner, à brûle-pourpoint ? Se lancer dans de telles explications risquerait au mieux de me faire passer pour un doux dingue, au pire, de froisser mon ami ! » Bien sûr, ménagez-le en évitant de lui lancer à la figure que vous ne voulez pas venir parce que vous avez mieux à faire… Dites-lui plutôt une chose de ce genre : « Je serais vraiment ravi de venir dîner, mais j'ai une réunion très importante demain ; j'aurai l'esprit plus tranquille si je consacre ma soirée à la préparer ; j'espère que ce n'est que partie remise. » Votre réponse sera alors à la fois vraie, percutante, et jamais vexante. Votre subconscient vous entendra énoncer vos priorités avec clarté et choisir l'issue qui favorise votre épanouissement.

• « *Je pourrais* »

Les mots « Je devrais » sont également à fuir. De la même manière, ils impliquent que vous n'avez pas le choix. Utilisez plutôt « Je pourrais », qui est beaucoup plus fort. Dites par exemple : « Je pourrais aller voir ma mère, mais j'ai choisi d'aller au cinéma cet après-midi. » Ou bien : « Aujourd'hui, j'ai le choix entre aller voir ma mère et aller au cinéma, mais le film risque d'être bientôt retiré de l'affiche ; je passerai donc plutôt demain chez ma mère. » Une nouvelle fois, si vous formulez les choses de cette manière, vous vous mettrez en position de choix et non d'obligation. Tous les « Je devrais » qui émaillent nos propos sont autant de vecteurs de culpabilité et de contrariété. Ils constituent l'antithèse du pouvoir et de la maîtrise que vous devez exercer sur le cours de votre existence.

• « *Je suis entièrement responsable* »

La phrase « Ce n'est pas ma faute » vous place également en situation de victime. Dire par exemple « Ce n'est pas ma faute si je suis tombé malade » ou « Ce n'est pas ma faute si ma femme m'a quitté » revient à se placer en état d'infériorité. En utilisant une telle formulation, vous avouez que vous n'êtes en rien responsable de la situation. Face à la maladie, dites plutôt : « Je suis entièrement responsable de ma maladie ; je l'ai un peu cherché en ne dormant pas assez, en mangeant n'importe quoi, en fumant trop, ou en sortant pas assez couvert ; la prochaine fois, je prendrai les mesures préventives qui s'imposent et je serai mieux armé contre la maladie. » Même chose dans le second cas de figure : au lieu de vous lamenter, dites-vous que vous avez laissé votre relation de couple se détériorer sans prendre les décisions qui s'imposaient.

Pour résumer, pensez toujours que vous êtes responsable de ce qui vous arrive et cherchez à garder le contrôle de la situation. À terme, vous affirmerez votre maîtrise sur vous-même, et vous aurez moins d'angoisses.

• *« C'est une chance »* et *« Je sais »*

« Cela pose problème », « C'est un problème » ou encore « J'espère » : voilà autant de formules à éviter absolument ; c'est à la fois négatif, inquiétant, vraiment pas stimulant, et cela risque en prime de vous faire passer des nuits blanches. Pour ouvrir la porte à votre épanouissement personnel, considérez les choses par l'autre bout de la lorgnette. Dites plutôt : « C'est une chance » ou « Je sais ». Vous devez considérer chaque obstacle comme un cadeau de la vie, qui vous permet de faire vos preuves, de vous dépasser, de devenir plus fort pour affronter le monde. Plus vous surmonterez l'adversité, plus grande sera votre assurance. Vos angoisses s'évanouiront.

• *« La prochaine fois »*

Dans le même genre, il y a aussi le « Si seulement », qui sonne comme un gémissement et comme un aveu d'impuissance. « La prochaine fois » laisse en revanche entrevoir que vous avez tiré certains enseignements et que vous ne manquerez pas de réagir autrement à l'avenir. Par exemple : « Si seulement je n'avais pas dit cela à mon mari » se traduira de la manière suivante : « J'ai compris que mon mari est sensible à ce genre de choses ; la prochaine fois, je ferai plus attention. »

• *« Je vais assumer »*

« Que vais-je faire ? », voilà encore l'une de ces jérémiades qui vous pourrissent l'existence. Comme tout le monde, vous possédez d'inépuisables ressources dont vous ne soupçonnez pas la force. Il faut vous en convaincre et dire au contraire : « Je sais que je vais assumer ; je ne me fais aucun souci. » Par exemple, si votre patron vous met à la porte, ne dites pas « Je me suis fait licencier, que vais-je faire ? », mais « Je me suis fait licencier ; bon, je sais que je vais assumer la situation ».

• « *C'est une bonne leçon* »

« C'est affreux ! » est une exclamation qu'on entend à tout bout de champ et qu'on utilise soi-même à tort et à travers : « J'ai perdu mon portefeuille, c'est affreux ! » ou « J'ai eu un accrochage en voiture, c'est affreux ! »... Est-ce à ce point épouvantable de perdre son portefeuille ou de froisser un peu de tôles ? J'en conviens, c'est un peu contrariant, et cela fait perdre un temps précieux en diverses formalités administratives. De plus, vous allez devoir débourser de l'argent... Mais de là à dire que ce sont des choses affreuses, il y a quand même un pas ! C'est exactement la même chose si vous prenez deux kilos : ce n'est pas la fin du monde ! Pourtant, on dramatise souvent toutes ces futilités. Notre subconscient, en bon greffier consciencieux, consigne tout cela dans votre « grand livre intérieur » : il écrit « désastre, catastrophe, échec... ». Allez, croyez-moi, bannissez « C'est affreux » de votre langage. Dites plutôt : « C'est une bonne leçon. »

Vous pensez sans doute que l'expression « C'est affreux » reste appropriée quand vous apprenez par exemple que l'un de vos proches est atteint d'une grave maladie. Compatir au malheur d'autrui est certes très humain. Je comprends, bien sûr, cette réaction, mais je crois qu'elle n'est vraiment pas constructive. Une situation douloureuse peut être appréciée de manière bien plus profitable, tant pour le malade que pour ses proches. On peut même espérer en tirer des leçons très utiles.

D'ailleurs, je sais de quoi je parle : j'ai eu moi-même un cancer, dont j'ai heureusement réussi à guérir. La maladie m'a enseigné une foule de choses précieuses, sur moi-même comme sur mon entourage. Le plus important sans doute, c'est que le cancer m'a fait comprendre à quel point on m'aimait. J'ai été surprise par la grande tendresse de mon compagnon, devenu aujourd'hui mon mari, dont je n'avais jamais mesuré l'intensité. Notre amour est sorti grandi de cette épreuve. De plus, la maladie nous a permis de ne plus considérer notre couple comme un fait acquis, mais au contraire comme une chose fragile et précieuse. Quant à moi, j'ai pris de nouvelles résolutions positives. Je suis devenue beaucoup plus attentive à mon alimentation. J'ai appris de quelle façon éviter la colère, la tristesse ou l'irritation, autant de sources de stress et de sentiments dont j'étais autrefois coutumière.

Cette expérience nous a donné enfin, à mon mari et à moi, la chance d'apporter quelque chose aux autres. J'ai écrit un article qui dédramatise l'ablation du sein, opération que j'ai dû subir. Cet écrit a eu, je me plais à le croire parce que j'ai reçu de nombreuses lettres de remerciements au lendemain de sa parution, un effet bénéfique sur beaucoup de femmes, mais aussi sur beaucoup d'hommes. Mon mari et moi avons participé à une émission télévisée pour évoquer notre expérience. Là aussi, notre intervention a redonné confiance et moral aux personnes concernées par ce problème.

Comme vous le voyez, même une grave maladie peut être source de précieux enseignements. Même si c'est difficile, il faut envisager tout problème de santé comme une chance et une opportunité de changer.

Mieux vous situer dans le monde

En éliminant de votre langage les « C'est affreux », les « Je ne peux pas » et autres « Si seulement », vous allez faire d'une pierre deux coups : vous aurez une autre image de vous-même et vous transformerez la façon dont les autres vous voient.

Ces différences sémantiques peuvent vous paraître insignifiantes, mais je vous assure que c'est loin d'être le cas. En utilisant les formulations positives et actives que je vous ai proposées, vous allez vous donner une force intérieure qui irradiera sur votre entourage. Vous ne paraîtrez plus faible, mais fort et entreprenant. Vous ne donnerez plus l'impression de subir les événements, mais de les dominer.

Dépassez vos limites

Tout en surveillant votre manière de parler, commencez aussi à améliorer la maîtrise du cours de votre vie en élargissant ce que j'appellerais votre « zone de confort ». Je m'explique.

Chacun évolue à l'intérieur de certaines limites jugées raisonnables, au-delà desquelles on se sent mal à l'aise. Prenons des exemples pour que les choses soient bien claires. Vous allez dépenser 300 ou 400 francs pour l'achat d'une paire de chaussures, tout en pensant que débourser 1 000 francs pour ce type d'article vous paraît pure folie. De même, la plupart d'entre nous essayent de tisser des liens amicaux avec des collègues de bureau qui ont une position voisine dans la hiérarchie, en écartant d'emblée l'idée de tenter la même chose avec leurs supérieurs. Quand on déjeune seul, on a tous plutôt tendance à aller au bistrot du coin plutôt que dans un restaurant gastronomique. De même, on n'hésitera pas à quémander une augmentation de salaire de quelques centaines de francs, alors que l'idée de réclamer un relèvement plus substantiel nous fait frémir. Un jeune professeur donnera des cours particuliers à 100 francs de l'heure, parce qu'il ne pense pas que son enseignement mérite 150 francs. Cette latitude que l'on s'impose varie d'un individu à l'autre. Cependant, nous nous imposons tous des limites, consciemment ou non, quels que soient notre sexe, notre position sociale ou notre pouvoir d'achat. Nos décisions s'en trouvent forcément contraintes, avec toute la somme d'insatisfactions que cela suppose.

Je vous suggère donc de faire, chaque jour, une chose permettant d'étendre ce que j'appelais à l'instant votre « zone de confort ». Achetez les chaussures qui vous plaisent sans chercher à vous rabattre sur le modèle bas de gamme. Vous débourserez quelques centaines de francs de plus, mais votre satisfaction sera à la mesure de l'investissement ! Téléphonez à quelqu'un qui vous intimide. Demandez quelque chose qui vous tient à cœur et que vous n'aviez jamais osé solliciter auparavant. Prenez un tel risque au moins chaque jour. Comme dit le proverbe : les petits ruisseaux font les grandes rivières. En s'additionnant, chacun de ces petits pas formera, au bout du compte, un grand pas en avant, avec toujours à la clé un sentiment de fierté très constructif. Bien sûr, cette recette ne marche pas à tous les coups, mais vous aurez au moins tenté quelque chose. Vous ne serez pas resté passif, à attendre Dieu sait quel miracle.

Comment ça marche ?

Le schéma suivant résume ce qui peut vous arriver en élargissant votre latitude d'action.

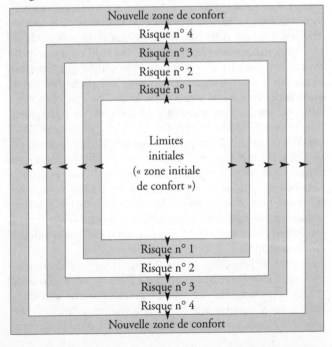

Comme le montre ce schéma, à chaque fois que vous prendrez un risque et que vous chercherez à vous dépasser, vous enregistrerez un gain personnel et vous étendrez votre champ d'action. Considérez toujours votre environnement comme une source inépuisable d'expériences enrichissantes.

Repousser ainsi vos limites, jour après jour, ne devrait pas être très difficile, en dépit de toutes les angoisses que vous allez affronter. Le fait d'agir en parallèle dans l'optique d'être davantage maître de vos décisions et d'avoir plus confiance en vous facilitera grandement les choses. Croyez-moi, peu à peu, vous ne vous reconnaîtrez plus : vous prendrez des risques qui vous auraient autrefois paru invraisemblables ! Par exemple, vous allez suivre des cours du soir alors que vous aviez déserté les bancs de l'université depuis une bonne quinzaine d'années. Et j'en suis certaine, vous décrocherez le diplôme le plus élevé qui sanctionne la fin de votre formation professionnelle ou de vos études universitaires. Repousser ainsi vos limites vous aura permis de déployer vos ailes, de vous ouvrir au monde, de grandir. Aussi longtemps que vous prendrez de tels risques – si petits soient-ils et au rythme de votre choix –, vous avancerez dans la bonne direction.

Chaque soir, avant d'aller vous coucher, planifiez le risque que vous allez prendre le lendemain. Fermez les yeux et imaginez-vous en train d'agir. Visualisez la situation de la manière la plus claire possible, avec le maximum de détails pour qu'elle vous semble réelle. Passez en revue tous les points susceptibles de vous faire trébucher, puis envisagez les solutions vous permettant de surmonter ces obstacles. Le jour J, si vous arrivez à dépasser toutes vos hésitations, vous vivrez autant de moments formidables. Vous vous sentirez plus fort et plus maître de vous-même. Et votre réussite vous donnera sûrement envie de repousser encore plus loin vos limites.

Des risques, oui,
mais pas n'importe lesquels !

Bien évidemment, quand je parle de prendre des risques, j'écarte tous les actes physiquement dangereux et tous les gestes répréhensibles, qu'ils soient condamnés ou non par la loi. Pas question donc de tromper sa femme ou de prendre un amant, de faire n'importe quoi au volant, ni bien sûr de braquer une banque ou de perpétrer un crime ! Non seulement vous finiriez rejeté par vos proches, encastré dans un platane ou en prison, mais vous régresseriez complètement du côté de la souffrance. Ces actes n'apportent pas une meilleure maîtrise de soi parce qu'ils ne partent pas d'un sentiment d'honnêteté ou d'amour.

Sans un certain respect de la morale, il devient impossible d'apprécier sa propre valeur. De plus, si vous ne respectez pas les règles de conduite communément admises et pratiquées dans la société, vous serez logiquement rejeté. Donc, vous aurez de nouvelles sources d'angoisses (bien légitimes celles-là !). Ne prenez donc aucun risque susceptible de diminuer l'estime que vous avez de vous-même. Seuls les actes positifs vous aideront à surmonter votre peur.

Tenez-vous prêt !

Peut-être n'en avez-vous pas encore tout à fait conscience, mais je parierais fort que vous sentez déjà croître en vous une force insoupçonnée. Chacun possède un tel pouvoir, plus ou moins enfoui et étouffé au fond de soi. Il n'est pas question de partir en quête d'une puissance mystérieuse qui se cacherait on ne sait où. Cette force est, si j'ose dire, à portée de main, en vous, prête à surgir à condition de lui donner un coup de pouce. Cette incroyable source d'énergie, dont vous ne soupçonnez peut-être pas encore l'existence, va transformer votre vie si vous lui laissez le loisir d'agir. Je ne suis ni une magicienne, ni versée dans les sciences occultes ! Mon propos est seulement de vous aider et de vous apprendre à exploiter ce gisement d'énergie que vous avez en vous. C'est tout, mais vous verrez, cela vous sera extrêmement profitable.

Les exercices proposés dans ce livre vous aideront à utiliser le mieux possible l'énergie qui sommeille en vous. Ce travail quotidien sur vous-même vous apportera beaucoup d'enrichissement, croyez-moi ! Vous apprendrez des choses étonnantes, vous vous découvrirez des capacités insoupçonnées… Mais je comprends très bien aussi que vous ne vous sentiez pas encore capable de fournir un tel effort. Si c'est votre cas, ne croyez pas que vous êtes irrécupérable, et que vous ne vous en sortirez jamais. C'est seulement parce que vous n'êtes pas encore prêt. Laissez-vous du temps, réfléchissez, lisez et relisez plusieurs fois ce livre ou d'autres ouvrages traitant de l'épanouissement personnel. Un jour, ce sera le déclic, et vous serez enfin délivré de votre « système négatif » de pensée qui aliène votre existence et bride le cours de votre vie.

Pour vous rassurer, pensez une nouvelle fois que vous n'êtes pas seul dans votre cas. Beaucoup de gens sont dominés par certains conditionnements qui les maintiennent en état de faiblesse. Un peu de patience donc, continuez à prononcer quotidiennement les cinq « vérités de la peur » figurant à la fin du chapitre précédent. Cela vous aidera à acquérir des mécanismes de pensée plus positifs.

CHAPITRE 4
SOYEZ RESPONSABLE

Appartenez-vous à l'espèce des « victimes » ? Vous situez-vous plutôt dans le camp de ceux qui prennent des responsabilités dans la vie ? Nous sommes nombreux à être persuadés d'appartenir à la seconde catégorie, alors qu'il n'en est rien. Le terme « victime » recouvre des réalités très différentes. Il est subtil, comme vous allez le comprendre à la lecture de ce chapitre.

Prendre ses responsabilités, c'est quoi au juste ?

Prendre ses responsabilités n'est certainement pas une chose nouvelle pour vous. On nous l'assène à longueur de journée : « Dans la vie, il faut prendre ses responsabilités », « Soyons responsables », « Il convient d'avoir une attitude responsable », etc. Et j'en passe !

Je vais peut-être vous surprendre, mais je suis convaincue que la plupart d'entre nous ne saisissent pas le sens profond du terme « responsabilité ». Pour pas mal de gens, il s'agit de s'intégrer socialement, c'est-à-dire de s'atteler à la recherche d'un emploi et de parvenir à gagner suffisamment bien sa vie pour être autonome et ne devoir plus rien à personne. C'est vrai dans un certain sens, mais cela mérite tout de même d'être nuancé. Je connais des personnes qu'on qualifierait de « dépendantes », à savoir des personnes dites « inactives », qui savent aussi ce que signifie « prendre ses responsabilités ». À mon avis, le cœur du problème se situe ailleurs, mais le mieux, comme toujours, c'est de recourir à des cas concrets. En voici quelques-uns.

Prenons l'exemple d'Édouard, homme d'affaires avisé et proie privilégiée des chasseurs de têtes. Pourtant, cette perle rare vit dans un perpétuel état d'anxiété. Quand je lui ai suggéré – tout naturellement – d'embaucher du personnel pour soulager un surcroît d'activité dans son entreprise, voilà ce qu'il m'a répliqué du tac au tac : « Mes employés n'ont qu'à travailler plus ; ils n'ont qu'à être plus efficaces et fournir un effort supplémentaire, alors tout ira mieux. » Et comme sa vie familiale n'était pas non plus toute rose, il a poursuivi sans que je lui demande rien : « Si seulement ma femme était un peu plus attentionnée, si seulement mon patron prenait de temps en temps des décisions, et si seulement mon fils n'était pas aussi nul en classe, alors je serais le plus heureux des hommes. » Ce monsieur pense qu'il n'a aucune raison d'embaucher, parce que ses employés sont, à son avis, des fainéants. Quant à sa famille, à ses yeux, elle ne vaut guère mieux. Pensez-vous que cet individu soi-disant exemplaire prenne ses responsabilités ? Moi, je suis sûre que non.

Marie mène une existence dorée : brillante carrière, appartement dans un quartier chic, compte en banque gonflé à bloc, amis et amants à la pelle… Malgré tout, elle passe son temps à vilipender son ex-mari : « Il me gâche la vie », « Il est odieux avec moi », « Il ne me verse pas de pension alimentaire », etc. Résultat, ses relations avec son fils sont tendues et celui-ci, par ailleurs en pleine crise d'adolescence, passe son temps à la taxer d'égoïsme. À votre avis, Marie prend-elle ses responsabilités ? Bien sûr que non !

Je pourrais ainsi multiplier les exemples de personnes qui passent leur temps à se plaindre pêle-mêle de leur ex-mari ou de leur ex-femme, de leur supérieur hiérarchique, de leurs déboires amoureux, de leur état de célibataire, etc. De même, ces couples qui ne cessent de geindre sur leurs enfants, leurs difficultés financières ou leurs problèmes de vie à deux. Là encore, sont-ce des gens responsables ? Pas le moins du monde !

Au moins, on peut trouver un point commun à ce petit monde : dans une certaine mesure, chacun joue son rôle de victime à la perfection. Le problème ne vient ni d'Édouard, ni de Marie, mais toujours des autres. Exercer un pouvoir sur soi-même et décider du cours de sa vie sont des attitudes qui leur sont parfaitement étrangères. Par leur comportement, ces personnes cheminent insensiblement vers la gauche du graphique « De la souffrance au pouvoir », c'est-à-dire dans le mauvais sens. Résultat, malgré leur apparence de dynamisme, ils sont menés par le bout du nez par les événements et sont paralysés par la peur.

Pour résumer, si vous êtes mal dans votre vie professionnelle, seul en quête de l'âme sœur, empêtré dans une relation médiocre, ou que vos enfants vous donnent des cheveux blancs, vous êtes une victime toute désignée ! Il en est de même si, d'une manière générale, les choses ne tournent pas rond autour de vous. Dans ce cas, rien de surprenant si vous êtes angoissé : les victimes se sentent toujours impuissantes !

Gardez le contrôle !

En vérité, vous avez le contrôle total de la situation : vous êtes responsable de ce qui vous arrive. Pour une raison X ou Y, vous avez, consciemment ou inconsciemment, choisi un travail qui ne vous permet pas de vous épanouir. De même, vous dites détester ce célibat que vous vous êtes imposé, ou bien vous avez laissé s'installer une relation destructrice. Non sans votre complaisance, votre fille ou votre fils vous empoisonne la vie sans que vous leviez le petit doigt… Bref, il semblerait bien que vous avez fait tout ce qu'il faut pour vous savonner la planche !

Bien sûr, il n'est pas facile de porter la responsabilité des tracas qui nous pourrissent la vie. Il n'est jamais agréable non plus de découvrir l'image de son propre ennemi en se regardant dans le miroir ! Là encore, il va falloir positiver, et vous dire que cette prise de conscience est au contraire une véritable bénédiction ! Si vous comprenez que vous êtes responsable de vos propres déboires, alors il vous deviendra facile d'imaginer qu'il est possible, inversement, de vous offrir des satisfactions.

Mais peut-être que cette idée de prise de responsabilités reste encore un peu floue pour vous. Pour que les choses soient plus nettes, je vous propose d'analyser en quoi consiste une manière de vivre tournée vers le pouvoir. Vous noterez au passage que je me garde bien de dire que vous êtes responsable de tout ce qui vous arrive (même si vous devez plaider coupable pour une bonne part !). Je vous demande seulement de croire, et c'est là une nuance importante, que vous êtes responsable de vos réactions devant les événements. Mais patience, vous en apprendrez davantage à ce sujet au chapitre suivant et au chapitre 9 !

Quelques définitions à retenir

Lisez attentivement les sept définitions suivantes. Gardez toujours ceci en mémoire : chaque fois que vous ne prendrez pas vos responsabilités, vous souffrirez d'une manière ou d'une autre. Par conséquent, vous serez moins apte à affronter la peur.

• *Définition n°1*

Prendre ses responsabilités, c'est ne jamais penser que ce que vous êtes devenu ou ce que vous vivez est la faute d'autrui ou de quelconques contingences extérieures.

« Dois-je vraiment me considérer comme responsable de tout ? », me demanderez-vous. « Pourtant, parfois, je n'y suis vraiment pour rien. C'est la faute de mon mari (ou de mon épouse, de mon patron, de mon fils, etc.), c'est absolument certain. »

Je vous le dis et vous le répète : tant que vous n'aurez pas parfaitement compris que c'est vous, et personne d'autre, qui déterminez ce qui se passe dans votre esprit, vous n'arriverez jamais à contrôler le cours de votre existence.

Plutôt que de longs discours, voici des exemples issus de

mes séminaires sur la peur. En italique figurent les réponses données alors à ces questions :

– « Si j'ai passé vingt-cinq années aussi déprimantes, c'est bien la faute de mon mari, j'en suis sûre ! »

Pourquoi alors avoir choisi de rester avec lui ? Pourquoi ne pas avoir essayé de tirer parti de ce qu'il y avait de positif dans votre relation ? Pourquoi ne pas avoir vu le bon côté des choses, plutôt que le mauvais ? Est-ce exclusivement de sa faute ? L'amertume que vous avez accumulée n'a-t-elle pas envenimé votre relation, rendant toute communication impossible ?

– « C'est certainement à cause de mon fils que j'ai des cheveux blancs : il m'a donné du fil à retordre et beaucoup de soucis ! »

Pourquoi ne pas avoir voulu admettre qu'il cherchait sa propre voie ? Pourquoi vous sentiez-vous toujours obligé de l'assister ? Pourquoi vous être projeté sur lui au point d'en attendre trop ? Pourquoi ne l'avez-vous pas simplement laissé être lui-même ?

– « C'est certainement à cause d'un manque d'offres sur le marché de l'emploi dans mon secteur que je reste coincé dans une impasse ! »

Pourquoi ne pas admettre que d'autres trouvent du travail malgré un taux de chômage important ? Pourquoi n'essayez-vous pas d'améliorer votre position au sein de l'entreprise dans laquelle vous travaillez ? Pourquoi ne tentez-vous pas d'adresser des candidatures spontanées et de prospecter un peu ? Pourquoi ne cherchez-vous pas, tout simplement, à donner le meilleur de vous-même ? Au lieu de passer votre temps à vous plaindre, demandez-vous ce qui vous fait réellement défaut dans votre emploi actuel !

– « C'est certainement à cause de mes enfants que je n'évolue pas dans l'entreprise ! »

N'existe-t-il pas des mères de famille actives dont la carrière évolue ? Délaissent-elles leurs enfants pour autant ? Pourquoi avoir refusé l'aide de votre mari quand il vous avait proposé de s'occuper de tout afin que vous puissiez suivre un stage ? Pourquoi n'avoir fait aucun effort pour acquérir des connais-

sances nouvelles qui vous auraient permis de trouver un travail passionnant ?

– « Ce n'est pas ma faute si je suis dépressive : j'ai un cancer et je peux vous assurer que je n'ai pas demandé qu'une telle catastrophe s'abatte sur moi. »

Pourquoi vous nourrissiez-vous aussi mal ? Pourquoi êtes-vous toujours aussi tendue, amère et prompte à vous mettre en colère ? Pourquoi fumez-vous autant ? Pourquoi ne pensez-vous pas que d'autres ont combattu le cancer, souvent avec succès ? Pourquoi oubliez-vous qu'avec les progrès de la science, on peut désormais guérir cette maladie une fois sur deux ?

Ces petites histoires vous chagrinent ? Elles ont un arrière-goût de mauvaise conscience ? C'est une bonne chose, le signe que vous mettez le doigt sur certains points que vous devrez travailler. Retenez bien ceci : quand vous rendez un quelconque élément extérieur responsable de vos épreuves, vous vous déchargez de votre pouvoir sur le déroulement de votre existence. En restant inerte, vous souffrez et vous risquez la dépression.

• *Définition n°2*
Prendre ses responsabilités, c'est aussi ne pas se faire de reproche.

Peut-être trouvez-vous ce propos contradictoire avec la définition précédente, mais il n'en est rien. Ne soyez pas votre propre victime ! Le sentiment de culpabilité porte atteinte à votre maîtrise de vous-même et vous empêche de profiter des petits bonheurs de la vie !

Certaines personnes ont naturellement tendance à s'accabler de reproches plutôt qu'à rejeter la faute sur les autres. Quand vous aurez pris conscience que vous êtes responsable de vos petites misères, vous serez tenté par l'autopunition. Bref, vous ferez votre *mea-culpa* : « J'ai encore tout gâché. Je suis désespéré. Quand comprendrai-je enfin ? »

Là encore, ce n'est pas une attitude responsable. La personne que vous étiez alors a fait ce qu'elle pensait être le mieux : c'est important de comprendre cela, et de ne rien regretter. Maintenant que vous commencez à avoir une nouvelle manière de raisonner, vous êtes en mesure de percevoir les choses autrement, et de pouvoir enfin modifier vos réactions. Il est inutile de vous lamenter sur un comportement passé, présent ou futur. Vous devez vivre tout cela comme une initiation qui vous fait cheminer de la souffrance vers le pouvoir. Cela prend du temps ! Vous devez faire preuve de patience. Rappelez-vous qu'il n'est jamais bon de se sous-estimer. Rien n'est de votre « faute ». C'est vrai, vous êtes responsable de vos malheurs, mais ce n'est pas une raison pour avoir le sentiment de porter votre croix. Vous êtes simplement sur la voie qui mène à votre épanouissement personnel. C'est un long parcours semé d'embûches et d'épreuves qu'il vous faut surmonter...

• *Définition n°3*
Prendre ses responsabilités signifie avoir conscience des moments où vous n'avez pas su vous impliquer et pouvoir, à l'avenir, vous corriger.

Il m'a fallu des années avant de comprendre que j'endossais plus volontiers le rôle de la victime dans mes relations avec les hommes. Je me souviens de soirées entières passées entre copines à me lamenter sur tout ce qu'ils m'avaient fait endurer.

Ces « imbéciles », comme je les appelais avec mes airs de petite dinde outragée, prenaient un malin plaisir à me gâcher la vie. L'un était toujours en retard à nos rendez-vous, l'autre était près de ses sous, le troisième était dépensier et n'avait jamais un sou vaillant, le quatrième ne pensait qu'au football, et le cinquième ne se décidait pas à divorcer... Je me mettais dans des rages folles. Et j'avais la rancune tenace ! Je passais des heures au téléphone à me plaindre à mes amies : « Tu me croiras si tu veux, mais devine ce qu'il m'a répondu ? Tu te rends compte ? » Naturellement, mes amies compatissaient à mes malheurs. Elles les comprenaient bien puisque certaines d'entre elles étaient dans la même situation... Bref, mes amies et moi vivions dans un univers de larmes et de perpétuelles jérémiades que nous entretenions à plaisir : on ne s'en lassait pas !

Je comprends mieux, maintenant. On se plaisait à jouer aux martyres et, d'ailleurs, les événements nous donnaient raison ! Notre attitude offrait un immense avantage, celui ne pas avoir à inventer notre propre bonheur. Il était tellement facile d'en vouloir aux hommes, et à leur incapacité de nous offrir ce que nous attendions…

À cette époque pourtant, j'étais sûre de prendre mes responsabilités. J'avais des revenus confortables, un bel appartement, et j'étais fière de mon indépendance. En réalité, je me berçais de douces illusions ! En attendant le prince charmant qui allait enfin savoir me rendre heureuse, je ne prenais pas mes responsabilités. Il m'a fallu du temps pour comprendre qu'une seule personne au monde pouvait le faire : moi ! Ironie du sort, c'est justement à ce moment que je fus capable, pour la première fois de ma vie, de construire une relation intense et enrichissante avec un homme.

Avec un peu de recul, je comprends mieux comment les choses se passaient. Par exemple, quand j'étais en colère contre mon mari, j'aurais simplement dû me demander, au lieu de le critiquer : « Qu'est-ce que je lui reproche de ne pas faire pour moi et que je pourrais faire moi-même ? » (Pensez-y si vous êtes dans ce cas !) Quant aux hommes que j'ai pu fréquenter ensuite, je critiquais les deux premiers parce que j'étais moi-même trop obsédée par l'argent et en quête de sécurité financière. J'en voulais au troisième parce que son amour du sport me renvoyait à mon propre manque de passions dans la vie. Enfin, j'attendais du dernier qu'il prenne en main quelque chose que j'ai moi-même du mal à maîtriser.

Une fois que j'ai réussi à comprendre cela, j'ai pu tout mettre en œuvre pour remédier à mes problèmes. Je savais désormais que je devais me prendre en charge. Ma rancœur contre les autres s'est évanouie à cet instant même, comme par enchantement.

Ma fille s'extasiait récemment sur ma vie de couple, qu'elle trouvait merveilleuse. « Oui, lui ai-je répondu, c'est curieux à quel point mon mari est parfait quand je cesse d'attendre de lui qu'il dirige ma vie ! »

Attention, je n'ai pas dit non plus que vous n'avez pas le droit de revendiquer certains besoins légitimes : besoin d'être soutenu dans votre effort pour évoluer, besoin d'être chouchouté de temps à autre, besoin de savoir si votre conjoint a des soucis, etc. Mais gare ! Si vous ne prenez pas votre vie en main, aucune attention, ni aucune cajolerie, ne sera suffisante. Vous serez en perpétuelle attente et jamais satisfait. L'homme ou la femme de votre vie aura beau tout prendre en charge, comme on a essayé de le faire pour moi, vous en demanderez toujours davantage !

Dans certains cas limites, par exemple si votre partenaire a peu d'égards pour vous et ne manifeste aucune tendresse, je dois avouer qu'une séparation me paraît la meilleure chose. Cependant, avant de prendre une telle décision, il conviendra de se poser la question suivante : « Est-ce que j'ai vraiment affaire à un monstre ou suis-je responsable de cette relation qui ne me satisfait pas ? » Si vous estimez, en votre âme et conscience, parfaitement déraisonnable et insupportable de passer votre vie avec cette personne, alors vous prendrez vos responsabilités en cherchant à progresser dans la recherche d'une relation plus harmonieuse.

Pour ne pas commettre d'impair sur un sujet aussi grave, voilà un truc tout bête : quand vous aurez décidé de vous séparer, mesurez le ressentiment éprouvé à l'égard de votre partenaire. Si celui-ci est faible ou nul, vous avez pris la bonne décision. Dites-vous que vous aviez choisi d'être ensemble autrefois, mais que vous avez maintenant décidé de voler de vos propres ailes. L'autre n'est coupable de rien : il a fait de son mieux. Par contre, si vous lui en voulez encore après la séparation, réfléchissez-y à deux fois : c'est le signe que vous n'avez pas pris vos responsabilités.

La relation amoureuse est un domaine particulièrement « à risque », en termes de perte de maîtrise du cours de son existence. Certains signes avant-coureurs constituent autant de signaux d'alarme à prendre en compte.

En voici les principaux :

- Apitoiement sur soi-même
- Colère
- Contrariété
- Critique
- Déception
- Dépendance
- Envie
- Impatience
- Ingérence
- Jalousie
- Lassitude
- Manque de réalisme
- Menaces
- Obsessions
- Refus de toute mise au point
- Reproches
- Sentiment d'impuissance
- Souffrance
- Tristesse
- Vengeance

Cette liste n'est pas exhaustive, loin s'en faut, mais elle a le mérite de clarifier les choses. Chaque fois que vous éprouverez l'un de ces signes avant-coureurs, déterminez-en la cause, c'est-à-dire ce que vous avez oublié de faire. Vous trouverez toujours la faille avec une facilité déconcertante. Essayez, c'est vraiment étonnant !

• *Définition n°4*

Prendre ses responsabilités, c'est arrêter de ruminer sans fin de manière stérile.

N'écoutez plus cette « voix intérieure » qui échafaude toutes sortes de folies, et qui essaye de vous rendre fou... Elle y réussit trop souvent ! Je m'explique, car je parierais gros que vous ne savez pas encore trop de quoi je veux parler. Je vous promets pourtant qu'on touche ici le cœur de vos angoisses : j'ai été moi-même stupéfaite de le découvrir. Votre « voie intérieure » prend un malin plaisir à vous annoncer des catastrophes, à vous prédire des échecs et autres événements funestes. On est tellement habitué à sa présence qu'on n'y prête plus guère attention, alors qu'elle ne cesse de nous parler. Encore une fois, rien de tel que de bons exemples pour illustrer mon propos, c'est-à-dire le caractère éminemment pernicieux et malfaisant de ce monologue intérieur :

« Si je l'appelle, il va peut-être me trouver un peu trop entreprenante… Mais si je ne lui téléphone pas, il va sans doute penser qu'il me laisse indifférente. Mais si je l'appelle et que je tombe sur son répondeur, je vais me demander où il est… Ma soirée sera gâchée parce que je penserai qu'il est sorti avec une autre femme ! Mais si je n'appelle pas, je ne pourrai pas savoir s'il est chez lui ou non… Allez, je ne sors pas ce soir : il pourrait me téléphoner sans laisser de message ; il en conclurait que je suis sortie avec quelqu'un d'autre et je ne saurai pas qu'il m'a appelé. Bon, d'accord, je l'appelle ce soir, mais il va comprendre qu'il m'intéresse, et sûrement se sauver en courant. Et puis non, je me demande pourquoi il ne m'a encore pas appelée. Peut-être en ai-je fait un peu trop cet après-midi quand je l'ai rencontré par hasard. J'aurais dû la jouer plus retenue, les hommes adorent cela, paraît-il. Ou le contraire, je ne sais plus… C'est vrai que je n'avais pas une allure ni très sexy, ni dans le coup avec cet ensemble acheté en soldes l'année dernière. En plus, j'étais maquillée n'importe comment ! Il a dû me trouver vulgaire… En plus, il m'a semblé moyennement sympathique et vaguement sur la défensive. Je me demande s'il sait que je suis sortie avec Frédéric l'autre soir : cela expliquerait tout ! Oh ! et puis zut à la fin, il ne va pas s'imaginer que je vais passer toutes mes soirées chez moi à attendre qu'il m'appelle ! Il aurait un sacré culot ! La prochaine fois que je le vois, je vais lui demander carrément pourquoi il n'a pas appelé. On devait d'ailleurs aller au cinéma cette semaine, et ce bon à rien ne s'en est même pas souvenu ! Je vais le mettre devant ses responsabilités. Je ne lui ferai aucun reproche. Je veux juste qu'il comprenne que je ne suis pas à sa disposition. »

Voici un autre exemple, tout aussi ubuesque :

« Je suis furieux contre mon patron : il ne m'a pas invité à la réunion de ce matin. Pourtant, je me tue au travail dans l'entreprise, mais l'ingrat ne s'en rend même pas compte ! Les collègues, qui passent leur temps devant la machine à café, sont toujours conviés à ces séances de brainstorming. Peut-être que si je faisais la même chose qu'eux, c'est-à-dire rien ou pas grand-chose, je serais mieux vu. Cela ne paie vraiment pas, de s'investir et de se donner à fond. On n'est jamais récompensé à sa juste valeur. La seule chose qui marche, c'est la magouille et tirer au flanc. Un employé honnête et consciencieux n'est jamais bien considéré. Je vais lui montrer, moi ! J'ai envie de chercher ailleurs. Malheureusement, je ne trouverai jamais rien à moins d'accepter une baisse de salaire. C'est un peu de ma faute : j'aurais dû compléter ma formation, j'aurais ainsi plus de chances de trouver un emploi. Je me sens complètement coincé… On n'embauche plus les gens après quarante ans. Si au moins mes parents avaient pu me payer des études longues, j'aurais eu beaucoup plus de poids et je me serais fait des relations précieuses. Maintenant, je me sens usé, fini, sans avenir. Je n'arrive pas à croire qu'il ne m'ait pas convié à cette réunion. Mais pour qui se prend-il ? Ce sont des choses qui n'arrivent qu'à moi, tiens… »

Personne ne s'en étonnera : beaucoup de gens ne supportent pas l'idée d'être seuls, et risquent de ruminer ainsi sans fin. Alors, ils allument la télévision ou la radio pour avoir une présence et se changer les idées. N'importe quoi plutôt que rester face à soi-même ! N'empêche qu'on éprouve tous, à certains moments de notre vie, cette tendance à monologuer et à bâtir des châteaux en Espagne.

Vous comprenez maintenant ce qu'est vraiment cette « voix intérieure », mais vous pensez peut-être qu'il est impossible de la faire taire. Un peu de patience, que diable ! Croyez-moi, il existe des moyens très efficaces de s'en débarrasser, comme vous le verrez dans les chapitres suivants. Pour l'heure, dites-vous simplement que cette perpétuelle rumination fait de vous une victime. Pourquoi ne pas remplacer ce penchant par un autre, à la fois bien-veillant et plus positif : est-ce qu'on est obligé de supporter la présence constante d'un ennemi, même s'il est en soi ? En neutralisant l'impact négatif de cette tendance à imaginer le pire, vous ferez une étonnante découverte, celle de commencer à vivre la solitude comme quelque chose de vraiment appréciable.

• *Définition n°5*
Prendre ses responsabilités, c'est avoir conscience que des contreparties ont cautionné votre immobilisme.

Là encore, je m'explique. Si on prolonge indéfiniment une situation peu satisfaisante, c'est parce qu'on y trouve, d'une manière ou d'une autre, certains avantages. Quand vous en aurez pris conscience, votre comportement deviendra plus logique et plus sain. Voici quelques exemples pour illustrer mon propos :

Aïcha se sentait coincée. N'offrant aucune opportunité d'évolution, son travail l'ennuyait et elle voulait en changer. Elle se voyait comme une victime. Pauvre Aïcha ! Elle se parlait à elle-même en répétant sans cesse le même couplet : « Si seulement il y avait un peu plus d'emplois dans ma région, j'aurais moins de difficultés. Si seulement j'avais une formation plus solide, j'aurais davantage de chances de trouver. » Mais au fait, pourquoi Aïcha se raccrochait-elle quand même à son travail et n'envoyait-elle pas tout promener ? Quelles étaient les compensations de son immobilisme ?

C'est tout simple : Aïcha restait ainsi une victime ; elle y gagnait un certain confort. En ne faisant aucune démarche, elle ne risquait pas de recevoir des réponses négatives. Elle n'avait pas non plus à affronter le stress lié à un entretien d'embauche. Elle détestait son travail, c'est vrai, mais elle le trouvait plus supportable que l'idée de devoir se lancer dans l'inconnu et de se remettre en question. Elle savait qu'elle maîtrisait les différentes tâches qu'elle devait assumer. Elle était compétente, mais elle faisait ce qu'on lui demandait, sans plus. Elle faisait ses heures et il ne fallait surtout pas lui demander de rester une minute au-delà du temps réglementaire. En plus, son emploi offrait une certaine stabilité...

Aïcha a pris un jour conscience de tout cela, c'est-à-dire de ces contreparties que lui offraient ce travail peu motivant. Trois possibilités se présentaient alors à elle. Soit elle restait dans son entreprise actuelle et continuait de végéter. Soit elle décidait de s'investir dans son travail et d'y trouver des sources de satisfaction, ce qui ne manquerait pas de se produire. Soit elle décidait de présenter sa démission et de se mettre immédiatement en quête d'un emploi plus gratifiant.

Quelle décision a-t-elle prise en définitive ? Après avoir mesuré le confort de sa situation actuelle, Aïcha a enfin brisé ses chaînes et s'est mise en quête d'un nouveau travail. Tant qu'elle se plaçait en position de victime, elle était paralysée. Dès qu'elle a compris la raison de son immobilisme, c'est-à-dire toutes les compensations que lui offrait cet emploi, elle a pu passer à l'action

Voici maintenant le cas éclairant de Charles.

Charles vivait séparé de son épouse depuis cinq ans. Il avait rencontré une autre femme avec laquelle il voulait se marier, mais il était incapable d'annoncer son intention de divorcer à son épouse et à ses enfants. Quand son amie menaça de le quitter, il réfléchit longuement. En réalité, il se mit à échafauder toutes sortes de folies : sa femme voudrait le tuer ; il serait abandonné par ses enfants et ses parents le renieraient. Pauvre Charles ! Il croyait dur comme fer que toutes ces calamités allaient s'abattre sur lui s'il déclarait vouloir divorcer. Il était rongé par la culpabilité.

Avec l'aide d'un psychanalyste, il commença à réaliser que le fond du problème n'était pas les autres mais sa propre peur d'affronter la situation et de franchir le pas. Il n'aimait plus sa femme, mais elle représentait toujours pour lui une certaine sécurité, celle du mariage : briser ce lien ancien le terrorisait. C'était cette contrepartie qui expliquait son hésitation à demander le divorce.

Dès que Charles s'est senti capable de constater que

l'obstacle provenait uniquement de cette peur irrationnelle, il a trouvé le courage de parler et d'engager une procédure de divorce. Naturellement, son épouse ne l'a pas assassiné à coups de couteau de cuisine, ses enfants ne se sont pas détournés de lui, et ses parents ont très bien compris la situation : mieux, ils se demandaient d'ailleurs pourquoi il avait mis tant de temps à se décider !

Encore un exemple de compensations à la cause du problème ? J'en ai des dizaines !

Sophie était toujours malade, ce qui, évidemment, était un handicap dans la vie de tous les jours. Elle se décrivait elle-même comme une « pauvre petite chose » affublée d'une mauvaise constitution. La victime dans toute sa splendeur ! Au cours d'un de mes ateliers de groupe, j'ai demandé à chacun de mes élèves de dresser la liste de ces fameuses contreparties qui expliquaient leur immobilisme. Sophie n'en trouvait aucune au fait d'être constamment malade.

Du moins, jusqu'à ce que le groupe l'y aide… Certains participants ont mis l'accent sur le fait que ses petites maladies devaient sans doute lui valoir une débauche d'attentions. Peut-être que ces cajoleries lui donnaient au bout du compte le goût de rester chez elle bien au chaud, sans prendre de risque au-dehors. Au début, elle nia cette hypothèse en bloc, avant de finir par reconnaître qu'il y avait sans doute là une part de vérité…

Sincèrement, Sophie n'avait jamais envisagé le fait d'avoir une santé fragile comme une forme de manipulation. Inconsciemment, c'était une autre affaire ! Comme chez un enfant, la maladie était pour elle une sorte d'instrument permettant d'attirer l'attention.

La découverte de cette contrepartie constituait le déclic dont Sophie avait besoin pour donner un nouvel élan à sa vie. Réalisant qu'elle était peut-être elle-même à l'origine de ses problèmes de santé, elle a décidé d'entreprendre de nombreux changements dans sa vie. Pour commencer, elle s'est mise à surveiller son alimentation et s'est inscrite dans un club de remise en forme. Autre chose essentielle, peut-être même la plus importante, elle a demandé à ses proches de l'entourer d'attentions seulement quand elle irait bien et, au contraire, de la laisser seule quand elle tomberait malade. Elle s'est fixé des objectifs et a mis un point d'honneur à les atteindre, même quand elle n'allait pas bien. En outre, elle a adopté un grand nombre d'exercices proposés dans ce livre, notamment celui des « affirmations » (voir chapitre 2), qu'elle répétait plusieurs fois par jour.

Consciente des contreparties que lui offraient ses perpétuelles maladies, Sophie était désormais confrontée à un choix : voulait-elle rester toute sa vie ainsi, à retenir l'attention par ses petits bobos ? Ou préférait-elle attirer autrui d'une manière plus satisfaisante, en suivant ses propres aspirations ? Devant la vie, voulait-elle rester une simple observatrice ou participer pleinement au cours des choses ? Heureusement, elle a fait le second choix : la maladie n'est plus un alibi pour elle.

À la lumière des exemples d'Aïcha, de Charles et de Sophie, vous comprenez maintenant l'importance que peuvent avoir ces contreparties. Et vous-même n'êtes certainement pas à l'abri de ce genre de mécanisme de pensée… Les compensations ne sont pas difficiles à déterminer si vous admettez qu'elles existent. Il suffit de vous asseoir à une table, avec un papier et un crayon, et d'en établir la liste. Parfois, comme dans le cas de Sophie, on ne s'en rend pas compte alors qu'elles sont évidentes aux yeux des autres. N'hésitez pas à demander un petit coup de pouce à vos proches. Vous serez surpris de constater que votre entourage en sait très long sur vous, bien plus que vous n'en savez vous-même !

• *Définition n°6*
Prendre ses responsabilités, c'est déterminer clairement ce que vous voulez dans la vie et agir en fonction de ce constat.

Établissez vos objectifs, puis sortez de chez vous et passez à l'action. Imaginez l'environnement et la vie dont vous rêvez, puis faites en sorte que votre fantasme devienne réalité. C'est facile à réaliser, pas cher, et cela vous rapportera gros !

Regardez autour de vous : quelle personne aimeriez-vous voir intégrer votre cercle d'amis ? Décrochez votre téléphone et organisez quelque chose avec lui ou avec elle. Ne restez pas comme cela, passivement, à attendre qu'on vous appelle !

Examinez votre corps dans le miroir. Que faudrait-il faire pour qu'il soit resplendissant de santé ? Cherchez les moyens d'y parvenir et passez à l'action.

Imaginez-vous comme un sculpteur créant une œuvre d'art à partir d'un bloc de pierre brute. Vous allez devoir manier le burin et les ciseaux pour donner à votre existence la forme que vous souhaitez. Dans leur grande majorité, les gens ne « sculptent » pas ainsi leur vie. Ils acceptent ce qui se présente, quitte à se plaindre ensuite. Ils perdent leur temps à attendre, les uns la femme ou l'homme idéal, ceux-là le travail de leurs rêves, l'ami ou le complice tant espéré. Même si je vous semble un peu dure et péremptoire, il ne faut rien attendre de personne. Vous avez la capacité de répondre vous-même à vos besoins. Qu'il s'agisse d'engagements personnels, d'objectifs à atteindre ou d'actions à entreprendre, c'est simplement une question de temps.

• *Définition n°7*
Prendre ses responsabilités, c'est garder toujours à l'esprit l'éventail de choix possibles dans une situation donnée.

L'un de mes élèves présentait les choses ainsi : « Quand mon réveil sonne le matin, je dispose d'une heure et demie pendant laquelle je suis face à moi-même. Je me dis alors que c'est à moi de décider de quoi ma journée sera faite. Je peux décider d'ouvrir les volets pour laisser entrer la lumière, ou bien de rester dans l'obscurité. Je peux avoir envie de rester au lit et de ne pas aller au travail parce que je n'ai pas terminé le rapport à rendre aujourd'hui. Je peux aussi tenir un discours positif, par exemple en envisageant de ne pas aller travailler et d'en profiter pour faire une activité qui me tient particulièrement à cœur. Je peux aussi mettre de la musique et danser comme un fou dans l'appartement, au lieu d'écouter les informations déprimantes à la radio ou de me mettre à monologuer – chose plus désespérante encore ! En sortant de la douche, je peux m'angoisser devant le spectacle de mon corps vieillissant et de mon ventre flasque, ou bien me dire que je vais me mettre à faire du jogging. Je suis libre ! La journée m'appartient ! »

Chaque jour de votre vie, chaque minute de votre existence, il est important d'être conscient que vous pouvez choisir ce que vous allez faire. Face à une difficulté quelconque, faites votre examen de conscience et dites-vous : « D'accord, maintenant, à toi de faire ton choix. » Agirez-vous de façon à être contrarié ou, je l'espère, comblé ? Envisagerez-vous le moindre mal ou, plutôt, ce qui peut vous apporter richesse et abondance ? Allez-vous laisser éclater votre colère contre votre mari, ou réfléchir sereinement au problème avant d'en discuter calmement avec lui ? Le choix est entre vos mains et elles seules. Il devra être pris en votre âme et conscience, dans un sens tel que la situation évolue de la manière la plus positive possible.

Voici quelques exemples de choix :

– Votre compagne décide de ne pas partir avec vous en week-end. Pourtant, des amis vous prêtaient leur maison de campagne, un endroit vraiment délicieux… Deux possibilités s'offrent à vous face à ce « coup dur » : soit vous entrez dans une rage folle, soit vous pensez qu'elle a ses raisons, et vous partez avec une bande de copains ou même tout seul pour prendre un grand bol d'air.

– Votre mari est alcoolique. Là encore, deux cas de figure se présentent : soit vous essayez de le changer et passez votre temps à le réprimander ; soit vous considérez qu'il est victime d'une maladie et que vous devez changer de comportement à son égard, en l'entourant notamment d'affection.

– À cause d'une mauvaise grippe, vous avez manqué une

réunion qui représentait un enjeu professionnel important. Deux attitudes sont possibles : vous vous persuadez que votre évolution de carrière est brisée, ou vous vous dites que d'autres opportunités ne manqueront pas de se présenter.

– Vous partez aux sports d'hiver et, au lieu de la neige, ce sont des torrents de pluie que chaque jour amène. Deux réactions face à ces caprices du temps : vous maudissez chaque jour le ciel, ou vous trouvez des moyens de rendre, malgré l'adversité, votre séjour agréable.

Grandir et se sentir fort

À présent, vous savez à quel point vous êtes capable de rester maître de vos décisions. Au cours de la lecture de cette fin de chapitre, vous allez être de mieux en mieux armé pour adopter une position de force face à n'importe quelle situation. Attention tout de même ! Gardez toujours à l'esprit de ne jamais prendre une décision ni d'adopter un comportement qui serait nuisible à votre entourage. Il s'agit, tout simplement, de trouver la bonne porte, celle qui ouvre sur une vie plus agréable.

Prendre pleinement ses responsabilités ne se fait pas en un jour. C'est une chose qui demande une certaine pratique. Personnellement, j'y travaille encore chaque jour, depuis des années. L'essentiel est de s'y atteler. Dès lors, vous commencerez à être mieux.

Les exercices suivants vous aideront à vous sentir infiniment plus fort face à vos angoisses :

• *Exercice n°1*

Faites la liste des contreparties, c'est-à-dire des alibis qui justifient votre immobilisme dans certains domaines. Qu'évitez-vous d'affronter ? À quoi vous dérobez-vous ? Quels avantages en tirez-vous ? À quelle image vous raccrochez-vous ? Essayez d'être aussi sincère que possible. Vos réponses à ces questions vous ouvriront les yeux et, dans un second temps, vous allez naturellement pouvoir vous débarrasser de certains automatismes qui dictaient votre comportement. Vous vous prendrez en main au lieu d'être mené par le bout du nez.

• *Exercice n°2*

Ayez toujours à l'esprit les diverses possibilités qui s'offrent à vous face aux situations rencontrées au cours de la journée. Quand vous êtes confronté à une difficulté quelconque, asseyez-vous et écrivez dans un petit carnet la liste des choix possibles. Fermez les yeux et imaginez ce que vous ressentez face à chacune de ces éventualités… L'une d'entre elles vous rendra heureux. D'autres vous attristeront, vous blesseront, vous amuseront, ou vous paraîtront franchement ridicules. Au lieu d'agir sur un coup de tête, vous allez ainsi porter un regard neuf et objectif – et par conséquent choisir la bonne attitude.

• *Exercice n° 3*

Au cours de vos conversations entre amis, notez tout ce que vous dites. Vos propos sont-ils émaillés de plaintes à l'encontre de votre entourage, par exemple : « Tu ne me croiras pas si je te dis qu'Hélène est arrivée une fois de plus en retard au déjeuner ? On a eu une dispute terrible en plein restaurant. » Si ce genre d'anecdote vous rappelle quelque chose, pourquoi ne pas envisager la situation de telle sorte qu'elle vous enseigne quelque chose sur vous-même. Par exemple : « Cela fait un quart d'heure que j'attends Hélène, et je commence à m'énerver, va savoir pourquoi… C'est peut-être parce que j'interprète ce retard comme un manque de respect de mon propre emploi du temps. Et d'une certaine façon, je trouve avantage à penser cela : me plaindre de son manque de ponctualité me donne toujours un sentiment de supériorité. »

• *Exercice n°4*

Toujours dans votre petit carnet, sélectionnez les différents choix susceptibles, à votre avis, de transformer une contrariété en quelque chose de positif et riche d'enseignements. Reprenons l'exemple du retard d'Hélène. Quels choix s'offrent à vous ?

Vous pourriez tout bonnement ne plus lui donner de rendez-vous ; ou y aller en retard, sachant qu'elle arrivera tout de même après vous... Pourquoi ne pas mettre cette attente à profit pour terminer un dossier, lire quelques pages d'un bon livre, ou simplement pour vous détendre ? Si la ponctualité est une chose sur laquelle vous ne transigez pas, vous pouvez simplement dire à cette personne que vous l'attendrez pendant un certain temps, mais pas plus. Le tout est de formuler cette mise en garde calmement, sans vous fâcher.

Rendre les autres responsables de vos contrariétés n'est jamais la bonne solution. Il ne s'agit pas de leur trouver des excuses, simplement de ne pas permettre qu'ils soient la cause de votre mécontentement.

Dans chaque situation, il y a en fin de compte une foule de choix susceptibles de vous faire changer d'avis. Amusez-vous à en faire un jeu. Partagez cette occupation avec un ami ; avoir ce que j'appellerais un « compagnon d'épanouissement » est une chose très stimulante.

• *Exercice n°5*
Essayez de déterminer les bons côtés de ce que vous envisagiez comme un choix difficile. Par exemple, si vous êtes encore mal remis de votre divorce, mettez en balance les avantages de votre « nouvelle vie » avec ceux de votre défunt mariage. Pensez à vos nouveaux amis, à votre manière différente et plus personnelle de gérer votre budget, à votre liberté et à votre indépendance retrouvées...

• *Exercice n°6*
Je sais, c'est l'exercice le plus difficile ! Essayez de voir si vous arrivez à passer une semaine sans critiquer qui que ce soit, ni vous plaindre de personne. Vous serez surpris de constater à quel point la chose est ardue ! Mais vous ferez, par la même occasion, une grande découverte : combien vous êtes langue de vipère et quel geignard vous faites !

Quand vous aurez finalement arrêté de médire et de vous

lamenter, vous courrez logiquement le risque de ne plus savoir quoi raconter à vos amis... Ronchonner et pester sont de mauvaises habitudes qu'il faudra remplacer par des attitudes plus constructives et positives. Cela vous prendra du temps et vous demandera un effort d'imagination, mais une intense satisfaction et un certain mieux-vivre seront au bout du chemin. Le jeu n'en vaut-il pas la chandelle ?

Sept façons de devenir maître de soi

1. Évitez de rendre le monde extérieur responsable de vos déboires et de vos démêlés avec la vie. Vous seul pouvez exercer un contrôle sur vos pensées et sur vos actes. Rien ni personne ne peut le faire à votre place.

2. Ne vous faites pas de reproches si vous ne vous sentez pas complètement maître de vous. Vous faites de votre mieux et il vous faut du temps pour acquérir cette maîtrise.

3. Soyez conscient des moments et des situations où vous endossez le rôle de victime. Apprenez à reconnaître les signes montrant que vous n'êtes coupable de rien, ni de ce que vous êtes, ni de ce que vous faites ou de ce que vous ressentez.

4. Apprivoisez votre pire ennemie, cette « voix intérieure » qui vous prédit toujours le pire. Utilisez les exercices proposés dans ce livre pour la transformer en une voix encourageante.

5. Cherchez les contreparties qui vous empêchent d'agir. Une fois que vous les aurez trouvées, vous serez probablement à même de passer à l'action.

6. Déterminez clairement ce que vous voulez dans la vie et agissez dans cette voie. Cessez d'attendre que les choses tombent du ciel, vous risqueriez d'attendre longtemps !

7. Soyez conscient de l'infinité des choix qui s'offrent à vous dans n'importe quel domaine, qu'il s'agisse d'actions à entreprendre ou de sentiments. Empruntez le chemin qui vous fera vous sentir mieux dans votre peau, en paix avec vous-même et avec vos proches.

CHAPITRE 5
PO-SI-TI-VEZ !

« Ne fais pas ton Candide ! » Combien de fois s'est-on ainsi moqué de vous alors que vous considériez seulement le bon côté des choses ? J'ai lu le roman de Voltaire quand j'étais jeune, et je ne me suis jamais vraiment posé de question à ce sujet. Comme tout le monde, je me disais qu'être candide, c'est être naïf et croire que « tout est pour le mieux dans le meilleur des mondes ».

Un soir, au cours d'un dîner, je m'efforçais de faire voir à une amie l'aspect positif d'une chose qu'elle considérait comme profondément négative. Subitement, elle m'a répondu avec dédain : « Tu me fais penser à Candide de Voltaire, tu ne vois pas la réalité en face. » À ma grande surprise, je lui ai rétorqué : « Et alors, quel mal y a-t-il à se sentir bien malgré les épreuves ? Dans le roman de Voltaire, je préfère l'optimisme de Pangloss, le maître de Candide, à la philosophie pessimiste de Martin, qui voit le mal partout. Et je ne vois pas en quoi il serait mauvais d'essayer de chercher le bien dans chaque chose. D'ailleurs, tu n'as rien compris à ce roman. Lorsque Candide décide d'aller cultiver son jardin, ce n'est en rien pour fuir la réalité… C'est au contraire un signe d'espoir : il a décidé de se prendre en charge, comprenant que son travail va faire fructifier son jardin, c'est-à-dire qu'il profitera au monde. »

Après cette tirade, j'avoue que mon amie était aussi interloquée que moi !

Penser positivement

La pensée positive est un concept difficile à faire comprendre et à faire accepter. Quand j'expose mes idées à ce sujet au cours de mes ateliers de travail, mes élèves se rebiffent immédiatement et me disent tous : « Ce n'est pas réaliste ! » Quand je leur demande en quoi la pensée négative serait plus réaliste, ils restent bouche bée. Pour eux, comme pour la plupart d'entre nous, c'est ainsi depuis que le monde est monde : ce qui est négatif est la réalité, ce qui est positif est illusoire.

Laissez de côté un instant vos *a priori* et réfléchissez un peu… Par expérience, on sait qu'environ 90 % de nos craintes se révèlent sans fondement. La plupart des catastrophes qu'on prévoyait ne surviennent heureusement jamais. On a peur de tout, alors que les choses se passent bien la plupart du temps. En réalité, on ne tombe sur un vrai problème que dans 10 % des cas, et encore ! Alors ? Pourquoi ne pas admettre que voir le côté positif des choses est plus réaliste que l'inverse ? Pourquoi vous morfondre dans l'inquiétude alors que vous n'avez aucune raison objective de le faire ?

Si vous y réfléchissez, la vraie question n'est en fait pas de savoir ce qui est plus réaliste ou irréaliste, mais plutôt : « Pourquoi prendre un malin plaisir à broyer du noir alors qu'on pourrait être heureux ? Si faire preuve d'optimisme et d'une certaine candeur rend la vie plus belle, si une manière positive de voir la vie rejaillit sur son entourage, pourquoi hésiter une seule seconde ? »

Voici deux exemples illustrant chacune des deux attitudes antagonistes, celui de Cécile « la positive » et celui de Roseline « la négative ». Toutes deux sont femmes au foyer. Elles avaient une quarantaine d'années quand elles perdirent leur mari.

Le premier réflexe de Roseline fut, si j'ose dire, de revêtir aussitôt le costume de tragédienne. Pendant des années, elle n'a eu de cesse de quémander autour d'elle soutien, compassion et marques de sympathie. Comme vous pouvez facilement l'imaginer, est arrivé le moment où plus personne ne supportait cette éternelle pleurnicheuse. Roseline s'est alors intimement convaincue que les veuves appartiennent à une espèce que l'on fuit et que l'on n'invite jamais nulle part. Elle a fini par croire dur comme fer qu'elle ne trouverait plus personne pour refaire sa vie. Vous ne vous étonnerez pas, je pense, qu'aucun homme n'ait été à ce point masochiste pour supporter un tel comportement… Comme son mari lui avait laissé quelques économies, elle a vécu chichement en se contentant de cette somme jusqu'au jour où elle a atteint un âge à partir duquel il devient très difficile de trouver un emploi. Elle s'est alors décidée à chercher du travail, mais, faute d'enthousiasme, les rares entretiens d'embauche qu'elle a réussi à décrocher se sont tous soldés par un échec. Pour résumer cette triste histoire, le regard négatif de Roseline avait créé vide et misère.

Cécile, inversement, a adopté une attitude positive à la suite du décès de son mari. Après une période de deuil, elle a compris qu'il lui fallait prendre sa vie en main et tout recommencer à zéro. Cécile était du genre à ne pas se laisser aller : elle était convaincue qu'on pouvait tirer un certain profit de toute chose. Certes, elle était désespérée par la perte subite de son époux, et elle se retrouvait avec la hantise de devoir vivre avec de faibles ressources. Seulement, elle a décidé un jour qu'il ne servait à rien de se morfondre, et qu'il lui fallait trouver un emploi. Bien qu'elle n'ait jamais travaillé auparavant, Cécile était persuadée qu'elle avait sa place dans la vie active. D'ailleurs, elle avait été autrefois membre de diverses associations à titre bénévole. Elle en gardait un excellent souvenir. Grâce à cette expérience ancienne qu'elle a su mettre en avant, elle a réussi à trouver un emploi à temps partiel dans le milieu associatif. Quelques mois plus tard, elle occupait cette fonction à plein temps et se voyait nommée, deux ans après, responsable de l'organisation des activités. Au long de cette période d'« apprentissage », elle s'est épanouie comme jamais elle n'avait pu le faire auparavant. Bien qu'elle regrette encore aujourd'hui la disparition de son mari, qu'elle aimait, force est pour elle de constater que son veuvage lui a permis de se réaliser. Contrairement à Roseline, Cécile a gardé ses amis fidèles et s'en est fait de nouveaux. Et d'ailleurs, pourquoi l'auraient-ils abandonnée ? Elle faisait toujours preuve d'un enthousiasme communicatif dans tout ce qu'elle entreprenait. Sa façon de prendre sa revanche sur la vie l'entourait d'une sorte d'aura : elle faisait l'admiration de tous. Grâce à son regard positif, Cécile était heureuse et comblée.

Nous créons notre propre réalité

Mais quel rapport tout cela a-t-il avec la peur, me direz-vous ? Souvenez-vous, au chapitre 3, quand je vous disais que dominer sa peur signifie passer d'une position de souffrance à une position de pouvoir. Roseline et Cécile ont traversé la même épreuve douloureuse. Elles ont éprouvé les mêmes angoisses. Roseline s'est maintenue dans une position de souffrance, tandis que Cécile a su prendre le dessus et devenir maîtresse de son destin. Les angoisses de Roseline ont entraîné une sorte de paralysie ; celles de Cécile ont permis son épanouissement.

À ce jour, Roseline est encore retranchée dans sa solitude et hantée par les soucis financiers. Elle a peur de mourir seule. Et la spirale de détresse dans laquelle elle s'est enfermée ne laisse malheureusement présager rien de bon pour elle. Impuissante, dépressive et inerte, elle se situe tout à fait à gauche du graphique « De la souffrance au pouvoir » (voir p. 42).

Les peurs de Cécile, au contraire, l'ont conduite à dépasser largement le cadre de ses fonctions au sein de son association. Elle s'est surpassée et ne s'est pas limitée à faire ce qu'on attendait d'elle. Surmontant une nouvelle fois ses angoisses, elle fut la brillante invitée d'une émission de télévision. Elle étonnait ses collaborateurs. Son allant et la pertinence de ses actions ont été détectés en haut lieu, c'est pourquoi on l'a aussitôt nommée responsable. Cécile a vécu sa peur d'une manière très différente de Roseline. Elle se situe à la droite du graphique « De la souffrance au pouvoir ». Dynamique et motivée, elle évolue comme un poisson dans l'eau dans l'univers qu'elle s'est créé.

Du pouvoir des mots

Un éminent spécialiste en psychologie, président d'un séminaire sur le respect de soi, m'a fait découvrir une façon étonnante de démontrer l'efficacité de la pensée positive. Je la mets maintenant en pratique durant mes cours.

Je demande à un volontaire de se lever et de se tenir face à la classe. Je lui commande de serrer le poing et de tendre le bras sur le côté. Tendant alors ma main, j'appuie sur son poing en lui disant de résister de toutes ses forces à ma pression. N'étant pas d'une force herculéenne, je ne suis jamais parvenue à faire baisser le bras du volontaire lors de ce premier essai.

Dans un second temps, je demande à mon « cobaye » de baisser le bras, de fermer les yeux, et de répéter dix fois cette phrase « négative » : « Je suis une personne faible et indigne. » Ensuite, je lui demande de rouvrir les yeux, d'étendre le bras, de serrer le poing, puis de résister à la pression que je vais exercer. Immédiatement, comme si toutes ses forces s'étaient évanouies, son bras commence à s'incliner ! J'aimerais que vous puissiez voir la mine déconfite du volontaire, surtout quand il a une carrure de déménageur, au moment où il constate son impuissance à résister à la pression d'une femme aussi fluette que moi ! Certains « cobayes », incrédules, me demandent de recommencer : « Je n'étais pas prêt ! », avancent-ils comme prétexte. Mais le même scénario recommence au terme du deuxième essai. Ils n'en reviennent pas !

Dans un troisième temps, je demande au volontaire de fermer les yeux à nouveau et de répéter dix fois cette affirmation « positive » : « Je suis une personne forte et digne. » À nouveau, je lui fais étendre le bras et lui demande de résister. À sa plus grande surprise, et à l'étonnement général, je ne peux plus lui faire baisser le bras. En vérité, il me paraît encore plus résistant qu'à l'issue de la première tentative.

Si je m'amuse à alterner plusieurs fois les attitudes positives et négatives, j'obtiens toujours le même résultat : je peux faire bouger le bras après une autosuggestion négative ; j'en suis incapable après une autosuggestion positive. À l'intention des indécrottables sceptiques, j'ajoute que j'ai pratiqué cette expérience en ne sachant pas moi-même dans quel état d'esprit se trouvait le volontaire. Je quittais la pièce, et la classe décidait du sens de l'autosuggestion du sujet. Jamais l'expérience ne fut infirmée. Si son bras s'abaissait, c'est que le volontaire avait prononcé une phrase négative. S'il restait rigide comme un chêne, c'est qu'il avait formulé une autosuggestion positive.

N'est-ce pas une éblouissante démonstration du pouvoir des mots ? Des paroles positives rendent physiquement fort, tandis que des paroles négatives nous affaiblissent. Le plus étonnant, dans cette expérience, c'est qu'il importe peu de croire aux mots que nous avons prononcés. Le simple fait de les formuler suffit à convaincre notre subconscient. C'est comme s'il ne savait pas distinguer le vrai du faux. Il ne juge pas, et se limite à enregistrer. Si le mot « faiblesse » lui parvient sous une forme ou une autre, il envoie à l'ensemble du corps le message suivant : « Je suis faible. » Inversement, quand il entend l'idée de force, le message adressé sera alors : « Je veux être fort. »

Alors, quel enseignement doit-on tirer de tout cela ? Simplement qu'il vous faut cesser de brasser des pensées négatives. Elles vous mettent en situation de faiblesse et portent atteinte à votre pouvoir sur vous-même. Elles vous paralysent devant la peur.

Pratiquer la pensée positive

La pensée positive n'est pas un concept nouveau. De nombreux philosophes grecs, Épicure en tête, ont prôné les vertus de l'hédonisme. L'Allemand Leibniz, dont la pensée est critiquée par Voltaire à travers Pangloss, le maître de

Candide, était également adepte d'une vision optimiste des choses.

Vous vous demandez peut-être pourquoi les gens ne pensent pas d'une manière plus positive. À mon humble avis, c'est tout simplement parce qu'ils ne savent pas comment s'y prendre. Penser positivement exige un engagement profond, une attention de tous les instants, et une pratique quotidienne. Et quand bien même on touche au but, il faut s'accrocher pour ne pas risquer de retomber dans l'ornière de la négativité. La tentation de voir le pire, en effet, reste tapie dans un coin sombre de notre cerveau ! Personnellement, je ne connais personne qui se soit mis du jour au lendemain à adopter la pensée positive. Et je n'ai jamais rencontré non plus l'un de ses adeptes qui ne continue pas à s'exercer régulièrement. Je vous le dis par expérience, la pensée positive, c'est comme de conduire une voiture : si vous ne prenez jamais le volant, vous perdez vos réflexes et vous devenez un danger public, pour les autres comme pour vous-même.

Malheureusement, c'est un point que bien des gens n'arrivent pas à accepter. Je comprends bien qu'il soit difficile d'admettre que l'on devient automatiquement négatif dès que l'on cesse de penser positivement. Tant pis si vous trouvez l'association osée, mais je comparerais cela au body-building. Quand vous avez musclé votre corps, si vous arrêtez brusquement vos séances, vos splendides pectoraux vont se mettre à se dégonfler. Vous étiez capable de soulever des haltères de vingt kilos et maintenant, l'épaulé-jeté de dix kilos vous laisse au bord de l'apoplexie… Il faut travailler sans relâche !

C'est la même chose pour le mental ! Quand vous êtes amené à résoudre quotidiennement des problèmes et à participer à des réunions, votre esprit reste aiguisé. Après deux semaines de vacances à vous dorer sur la plage, votre cerveau se ramollit. Il vous faut quelques jours pour remettre vos idées en place, ce qu'on appelle familièrement « se remettre dans le bain ».

Rester vigilant

Nous ne sommes pas des monolithes. Nous présentons plusieurs facettes qui exigent de constantes remises à niveau. La pensée positive n'est que l'une d'elles. Pour bien mettre cela en évidence, j'ai rejoint un groupe appelé *La vie intérieure*, fondé par deux éminents psychologues. Tous ses membres, plus brillants les uns que les autres, sont d'accord pour reconnaître un besoin commun, celui de pratiquer la pensée positive mais aussi de s'entourer de personnes positives. C'est ce qui soude le groupe de réflexion. À chaque séance, un membre choisi au hasard (ou un intervenant extérieur) lance un sujet de conversation qui va stimuler la motivation et l'énergie de tous.

De manière assez significative, appartiennent à ce groupe un certain nombre d'auteurs d'essais sur le développement personnel. Ils connaissent parfaitement les techniques de l'épanouissement personnel. Ils se retrouvent chaque semaine, le matin, pour faire partager leur savoir. À sa manière, chacun d'entre eux pratique quotidiennement la pensée positive. Et tous reconnaissent que s'ils oublient de le faire un seul jour, ils se sentent un peu « déconnectés ».

Je comprends très bien qu'on puisse reculer devant l'obligation d'une pratique permanente. Mais, comme j'aime bien vous taquiner, je vous fais remarquer au passage que votre douche, votre maquillage ou votre rasage réclament aussi des répétitions au moins quotidiennes, et que vous ne trouvez pas cela insurmontable, mais au contraire revitalisant. C'est exactement la même chose en ce qui concerne la pensée positive. C'est comme la douche du matin. Après, on se sent vraiment en forme, comme boosté !

Comment faire ?

En gros et sans vouloir vous offusquer, vous êtes polarisé négativement… Comment faire pour évacuer ces abominables idées noires qui vous empoisonnement la vie et vous empêchent d'être maître de votre destin ?

Rassurez-vous, c'est très simple. C'est comme si vous aviez décidé d'avoir une plus belle silhouette : vous feriez un peu de sport, des mouvements de gymnastique, tout en suivant un régime approprié. Dans le cas présent, vous allez mettre sur pied un programme d'exercices destinés à entraîner votre esprit. Pour ce faire, vous devez agir.

Avant de vous suggérer un plan d'action, voici la liste de cinq outils indispensables qui rendront votre petit travail quotidien à la fois plus efficace et surtout plus agréable :

• *Des cassettes d'autosuggestion*

L'idéal serait de les acheter toutes faites, dans une librairie spécialisée en psychologie ou en surfant sur le net (par exemple www.redpsy.com). Si vous ne trouvez rien, préparez vous-même vos cassettes en enregistrant des messages positifs que vous répéterez plusieurs fois d'une voix posée et assurée, en articulant bien chaque mot. Je vous conseille d'en faire plusieurs, afin de pouvoir les écouter aussi dans votre voiture. La cassette doit durer 20 à 30 minutes. Quelques exemples de messages positifs :

– Je suis le changement que je désire en ce monde (d'après Gandhi)

– Le courage s'accroît dans l'action, la peur dans le doute

– La difficulté d'aboutir ne fait qu'ajouter à la nécessité d'entreprendre (Beaumarchais)

– Être heureux, c'est devenir meilleur

– J'agis en homme de pensée et je pense en homme d'action

– Ce que je veux faire, c'est en le faisant que je le découvrirai

– Le voyage est la meilleure des écoles

– Ce que je fais est le reflet de ce que je suis

– L'épreuve me rend plus fort

– Je marche vers la lumière, en laissant les ombres derrière moi

– Je joins l'acte à la parole

– Je préfère l'avenir au passé, car c'est là que j'ai décidé de vivre le restant de mes jours (Victor Hugo)

– Je dis oui au changement

– Je veux réaliser mon idéal

Et toute autre phrase forte et positive qui vous tient à cœur. Vous pouvez également vous inspirer des affirmations énoncées ci-dessous et les enregistrer à haute voix. Attention, comme c'est le cas pour les affirmations, utilisez toujours le présent et jamais de formes négatives.

• *Des livres traitant de l'autosuggestion*

On a tort de prédire la mort du livre et le triomphe du tout-virtuel : le livre est un médium extraordinaire, toujours disponible et d'une précieuse présence physique. En plus, on peut tourner les pages et revenir en arrière ! Demandez conseil à votre libraire. Évitez d'emprunter de tels livres à la bibliothèque pour une simple et bonne raison : vous sentirez le besoin de les annoter, de les relire plusieurs fois, de vous les approprier dans tous les sens du terme ! Vous allez croire que je passe mon temps à parler de moi, mais ma propre bibliothèque ploie sous le poids de ces livres et les étagères grimpent jusqu'au plafond. Bon, d'accord, l'achat de toute cette littérature va entraîner des dépenses, mais vous ne le regretterez pas : c'est un investissement qui vous reviendra au centuple. Si vous êtes un peu gêné financièrement, vous pouvez acheter ces livres d'occasion, mais ils sont rares parce que peu de gens arrivent à s'en séparer…

• *Des CD de musique douce et de relaxation*

Vous les trouverez chez votre disquaire en fouillant dans les casiers « new age », ainsi que dans certaines boutiques « bio » et dans les librairies spécialisées en psychologie.

• *Des citations positives*

Choisissez celles qui vous tiennent tout particulièrement à cœur, ou des phrases optimistes tirées des romans que vous avez aimés. En ce qui me concerne, mes préférées sont les suivantes :

– « Les bateaux amarrés au port sont à l'abri, mais ils sont faits pour naviguer »

– « Le meilleur chemin est la ligne droite »

– « Je n'y suis pas arrivé, mais j'ai essayé. C'est là mon vrai succès »

– « En toute circonstance, si l'on prend la mesure exacte du danger, on s'aperçoit que rien n'est vraiment terrifiant »

Et, bien sûr :

– « Ressentir la peur, et savoir la dépasser ! »

Écrivez chacune de vos citations positives sur une fiche au format 10 x 15 cm environ, afin que le texte soit parfaitement lisible. Scotchez ces bristols un peu partout autour de vous : sur les miroirs, sur votre bureau, sur la porte du réfrigérateur ; glissez-en dans votre voiture, dans votre agenda, etc. Vous avez toute latitude d'écrire votre citation préférée sur plusieurs fiches. De cette façon, où que vous soyez, elle reviendra comme un refrain. Si vous vous sentez l'âme d'un artiste, créez une affiche décorative réunissant vos différentes citations et épinglez-la au mur.

Sachez toutefois qu'il vous faudra revenir de temps en temps à vos pinceaux ou racheter de nouveaux paquets de fiches cartonnées, car vos citations changeront au fil de votre évolution personnelle. Ne manquez pas de renouveler vos citations quand cela vous chante. Soyez créatif et amusez-vous ! Comme disait un humoriste : « Il n'existe aucune preuve que la vie soit une chose sérieuse ! » Alors, jetez-vous à l'eau et n'hésitez pas à être un peu provocateur avec les amis quand ils vous demanderont quelle mouche vous pique…

• *Des affirmations*

Une affirmation formulée de façon appuyée est la meilleure méthode d'autosuggestion. Souvenez-vous de l'expérience du bras tendu ! Les affirmations sont vos plus grands alliés. Elles sont aussi les plus accessibles et elles ne vous coûteront pas un euro !

Mais une affirmation, c'est quoi au juste ? Une affirmation est une déclaration positive annonçant qu'une chose va se produire. Pas demain ou dans un mois, mais à l'instant présent, ici et maintenant. Voici quelques exemples ; un petit échantillon pour commencer :

– J'en ai terminé avec mes anciens mécanismes de pensée et je donne un nouveau tournant à ma vie

– J'invente la relation idéale

– Je trouve le travail que j'espère

– Je maîtrise toutes mes angoisses

– Il n'y a rien à craindre

– Je peux atteindre le but que je me suis fixé, facilement et sans effort

– Je suis comblé par la vie

– Je prends soin de mon corps pour faire le plein de vitalité

– J'apporte paix et joie dans ma vie

– Je libère mon esprit

À propos de ces affirmations, il y a certaines choses importantes à retenir :

Il faut toujours les situer dans le présent. Par exemple, n'affirmez pas « Je vais maîtriser mes peurs » mais « Désormais, je maîtrise mes peurs ». Par ailleurs, veillez toujours à adopter une formulation positive. Ne dites jamais « Je ne vais pas me dévaloriser plus longtemps », mais « Je suis chaque jour plus confiant ».

Éliminer le négatif qui sommeille en vous

Qu'allez-vous faire maintenant de ces outils ? Tout simplement relever le défi, celui de parvenir à évacuer votre négativité, pierre angulaire du programme que vous vous êtes fixé.

La « voix intérieure » qui vous chuchote les pires éventualités à longueur de journée ne va pas se laisser faire, vous êtes prévenu ! Tous les jours, et au moindre signe de faiblesse de votre part, elle cherchera à reprendre le dessus. Quand vous aurez réussi à l'apprivoiser, vous aurez gagné un point essentiel. À ce stade, penser de manière positive deviendra plus naturel et même automatique, de sorte qu'un petit « pense-bête » vous suffira pour rester vigilant. Mais dans les premiers temps, il va y avoir du sport !

Programme intensif de pensée positive pour débutant

Pour illustrer mon propos et vous faire comprendre concrètement comment les choses vont se dérouler, imaginons une journée tout ce qu'il y a de plus ordinaire :

1. Au réveil, écoutez une cassette d'autosuggestion pendant 20 minutes. Restez allongé, les yeux fermés, et laissez-vous pénétrer par les messages apaisants et bienfaisants. Vous verrez ! C'est à la fois plus agréable et bien plus utile que de paresser au lit à se demander comment réussir à affronter toutes les corvées de la journée…

2. Une fois levé, lisez attentivement toutes les citations inscrites sur les bristols dispersés autour de vous – au mur, sur votre table de nuit, sur le miroir de votre salle de bains, etc. Vous êtes parfaitement libre de rire en pensant à ce que vous êtes obligé de faire pour vous sentir bien.

3. Allez prendre votre douche, puis mettez de la musique douce.

4. En vous habillant, toujours sur fond de musique douce, répétez les affirmations que vous aurez choisies pour la journée. Je vous conseille vivement de le faire devant un miroir. Au moins durant dix minutes, formulez les différentes phrases lentement en articulant bien chaque mot. Une fois habillé, votre petite « voix intérieure » va essayer de commencer son numéro habituel. Restez vigilant : elle s'introduit de façon tellement insidieuse ! Dès que vous l'entendez, ne l'écoutez plus et essayez de remplacer ses propos négatifs par vos affirmations. Ne la laissez surtout pas prendre le dessus ! Clouez-lui le bec ! Je vous garantis qu'avec un peu de pratique, vous n'entendrez plus ce monologue intérieur, ou alors seulement en de rares occasions.

Une petite précision en passant : dans les premiers temps, n'allumez ni la télévision, ni la radio, comme vous en aviez peut-être l'habitude. Écouter les informations matinales, avec leur lot de catastrophes, de conflits et d'affaires en tout genre, est une chose éminemment négative dans votre cas. Écoutez seulement votre voix positive : elle doit devenir la seule nouvelle que vous entendrez avant d'affronter les événements de la journée. Éventuellement, rien ne s'oppose à la lecture de votre quotidien préféré lorsque vous prendrez votre petit déjeuner. Dans ce cas cependant, évitez la page des faits divers, souvent sanglants, ainsi que les rubriques politiques ou économiques, également navrantes la plupart du temps. Attachez-vous plutôt aux pages scientifiques et culturelles, dont le contenu est souvent d'essence plus positive et stimulante. À mon avis, le mieux serait tout de même de vous passer de votre journal et de vous rabattre sur un manuel d'autosuggestion. Lors d'un de mes cours, j'ai tenté l'expérience de demander à mes élèves d'ignorer complètement l'actualité : ni télévision, ni radio, ni journal d'aucune sorte. Ils furent surpris d'en tirer un bénéfice très net. Au lieu de se lamenter avec leurs amis sur la misère du monde, leurs conversations étaient devenues plus animées et plus vivantes.

Quand vous serez devenu un familier de la pensée positive, il vous sera de nouveau permis de relire intégralement votre journal et d'écouter les informations. Vous aurez désormais une meilleure approche des médias. En prenant connaissance de ce que l'on appelle communément une « mauvaise nouvelle », vous ne serez plus consterné ou abattu comme autrefois. Vous aurez un jugement plus pertinent, et peut-être même discernerez-vous quelques solutions à apporter.

5. Vous avez pris votre petit déjeuner et c'est l'heure d'aller au travail. Si vous prenez votre voiture, c'est une chance. Mais oui, vous avez bien entendu ! Ne vous plaignez plus du temps perdu dans les embouteillages. Faites comme moi, transformez votre auto en « temple à la gloire de la pensée positive ». Personnellement, je suis impatiente de prendre le volant. Dès que j'ai tourné la clé de contact, je branche l'autoradio. J'écoute soit des messages d'auto-suggestion, soit de la musique enivrante et stimulante. À vous de faire de même et de choisir dans votre discothèque les musiques qui vous paraissent les plus motivantes, puis d'en faire une compilation afin de les écouter en voiture. Bien sûr, pour d'évidentes raisons de sécurité, ce n'est pas le moment d'écouter de la musique méditative ou relaxante ! Si vous allez au travail à pied ou si vous empruntez les transports en commun, utilisez un baladeur. Ainsi, vous remplacerez les éventuels éléments déstructurants de votre environnement par des pensées bénéfiques.

Comprenez bien que ce temps soi-disant perdu dans les transports vous sera extrêmement profitable. Grâce à lui, vous gagnerez un temps précieux dans votre apprentissage de la pensée positive.

6. Quand vous arrivez sur votre lieu de travail et péné-trez dans votre bureau, lisez les messages positifs dispersés autour de vous sur des bristols. Là encore, vous pouvez pouffer de rire : cela vous aidera à prendre les choses à la légère !

7. Ouvrez votre agenda et écrivez vos affirmations du jour. Lisez-les et répétez-les souvent à haute voix. Vous pouvez également écrire ces résolutions sur des post-it que vous collerez un peu partout, afin de les avoir fréquemment sous les yeux : sur votre bureau, dans votre portefeuille, et en tout endroit où vous vous rendez souvent.

8. À moins d'être vraiment masochiste, vous voudrez garder intacts toute l'énergie et tout le courage accumulés par votre petit rituel matinal. Si la pression devient trop forte autour de vous et dès que le doute commence à s'in-sinuer dans votre esprit, prenez une nouvelle « dose » d'énergie positive. Répétez alors vos affirmations encore et encore jusqu'à ce que votre détermination et votre opti-misme refassent surface. Votre « voix intérieure » va aussi essayer de profiter de ces états momentanés de faiblesse. N'oubliez pas de la neutraliser en multipliant les affirma-tions positives, même la nuit.

9. Avant d'aller vous coucher, écoutez une musique relaxante. Laissez-vous envahir par la mélodie et par les messages apaisants. Certains enregistrements vous guident à travers une visualisation. Ils vous révèlent toute l'importance de vos réalisations au cours de la journée tout en vous déculpabilisant de ce que vous n'avez pas eu le temps de faire. C'est formidable de se mettre au lit ainsi rempli d'estime de soi. Laissez-vous gagner par un sommeil paisible pendant que le CD défile. Votre lecteur et votre ampli resteront allumés, c'est vrai. Mais quelle importance ?

Une renaissance

Si vous vous engagez à suivre un tel programme, vous allez connaître une véritable métamorphose. Croyez-moi, la pensée positive vous changera la vie ! Vous aurez de l'énergie à revendre. Vous rirez beaucoup, vous aimerez plus encore, et vous vous ouvrirez aux autres. Vous serez en meilleure santé et heureux d'être en vie. Vous vous demanderez pourquoi vous vous sentiez si angoissé autrefois. Mais vous comprendrez vite pourquoi : c'est parce que vous avez réussi à faire taire cette pernicieuse « voix intérieure » qui vous empoisonnait l'existence.

Un peu de souplesse, mais une pratique régulière !

Au bout d'un certain temps, et c'est à vous seul de juger quand vous serez prêt, vous pouvez adoucir quelque peu le programme intensif. Donnez-vous cependant au moins un mois avant de prendre une telle décision.

Durant ce premier mois, vous penserez peut-être n'en avoir pas fait assez ou autant que vous l'auriez souhaité. Rien de grave, décidez d'en faire un peu plus demain, mais ne laissez en aucun cas votre « voix intérieure » en profiter pour vous accabler de reproches. J'imagine très bien son discours : « Regarde, tu n'es même pas capable de suivre un programme aussi simple. Tu ne te sentiras jamais bien. Tu es un cas désespéré. » Bâillonnez-la ! Dites plutôt « Je vais tout faire à la perfection ! », affirmation idéale quand votre « voix intérieure » vous souffle que vous êtes un moins que rien.

Je n'insisterai jamais assez sur le fait que la pensée positive nécessite une pratique quotidienne. Je m'exerce depuis des années et, encore aujourd'hui, il ne se passe pas un jour que je ne doive éliminer des pensées négatives. Lorsque je suis moins vigilante, comme cela m'est arrivé parfois, je sais que je vais me sentir moins bien. Fort heureusement, il m'est facile de me remettre à niveau en suivant tout simplement le programme que je vous ai donné. Mais je me demande toujours pourquoi j'ai bien pu mettre un bémol à une pensée qui me procurait un tel bien-être.

Petite précision pour finir

La pensée positive présente toutefois un risque qu'il est important de préciser : il ne faut pas l'utiliser comme une excuse pour refuser la réalité. À un certain stade, on se sent tellement bien qu'il devient tentant de se détourner du réel, de nier l'évidence du mal qui est présent dans la nature et dans la société. Souvenez-vous : la pensée positive, dans sa forme la plus constructive, ne constitue pas un refus de la souffrance et de la misère du monde.

Refuser la réalité est pure sottise. La faim dans le monde est une réalité. Le racisme est une réalité. La pollution qui menace la planète est une réalité. Les droits de l'homme bafoués dans de nombreux pays sont une réalité. Nous devons tous nous sentir concernés ! Personne n'est insensible à la souffrance. Il ne faut pas la nier quand on y est confronté. La pensée positive permet d'envisager l'existence de solutions, même si elles n'apparaissent pas immédiatement avec évidence. Refuser la réalité entraîne l'inaction et une certaine désespérance.

CHAPITRE 6
LES OBSTACLES
À VOTRE ÉPANOUISSEMENT

L e brouillard se lève. L'horizon s'éclaircit. La vie vous paraît plus simple. Patatras ! Alors que vous commencez à voir les choses de manière positive, vous vous apercevez que votre entourage ne suit pas… Dans votre famille et avec vos collègues, vous ressentez comme un malaise. Certains semblent ne pas vraiment apprécier le changement de votre personnalité. On ne vous reconnaît plus, vous déroutez… Que vous est-il arrivé ?

Le regard des autres

Vous êtes resté le même pendant des années. C'était en quelque sorte rassurant, pour tout le monde. Votre entourage s'était habitué à vos qualités comme à vos travers. La routine, quoi… Tout à coup, en devenant plus positif, vous cassez d'une certaine manière un modèle relationnel bien établi. Pas de quoi s'étonner que surgissent des bouleversements plus ou moins importants, lesquels peuvent se révéler des plus déstabilisants. Du coup, vous vous retrouvez devant un véritable casse-tête : vous avez décidé d'une part de gérer votre peur, mais vous devez maintenant en outre vous coltiner l'angoisse de perdre ou de décevoir des personnes qui vous sont chères. Diantre, sans avoir du reste rien demandé, vous vous retrouvez au climax d'un drame en cinq actes : vous espériez trouver autour de vous réconfort et appui, et vous vous retrouvez cerné par une incompréhension plus ou moins teintée d'hostilité !

Avant tout, même s'il s'agit d'un effort difficile pouvant se révéler douloureux, considérez froidement les gens qui vous entourent. Essayent-ils de vous encourager dans l'effort ou cherchent-ils à ébranler votre détermination ? Êtes-vous bien avec eux ou les trouvez-vous négatifs ? Est-ce que vous les jugez stimulants ou pensez-vous que leur amertume vous contamine ? Sont-ils enthousiasmés par votre nouvelle personnalité ou vous préfèrent-ils « comme avant » ? Si vous répondez par l'affirmative à la deuxième partie de ces questions, vous devrez prendre les mesures qui s'imposent.

Votre objectif est d'évoluer d'un état de souffrance vers une meilleure maîtrise de vous-même. Vous avez décidé de surmonter vos peurs. C'est parfait ! Mais dans cette optique, il est très important d'être soutenu par des personnes fortes et motivantes.

Bien sûr, l'idée de s'apercevoir qu'on est entouré de gens faibles, coincés et dépressifs n'a rien de bien folichon. Ne vous inquiétez pas et ne cherchez pas non plus à vous voiler la face. En prendre conscience est déjà en quelque sorte la solution du problème. On n'est vraiment conscient d'appartenir au club des râleurs et des geignards que si l'on arrête un moment de se plaindre à tout bout de champ. Quand vous ouvrirez les yeux, les choses s'arrangeront d'elles-mêmes.

Comment ? C'est très simple. Quand vous commencerez à vous épanouir, vous noterez très vite que vous ne supportez plus la fréquentation de personnes dépressives. Leur vision négative de tout est contagieuse. Après avoir passé du temps en compagnie de telles personnes, vous avez sans doute remarqué que vous les quittiez avec un sentiment diffus d'amertume et de mépris de vous-même. Je me trompe ? Voir les choses de manière positive est tout aussi communicatif. Lorsque vous restez un moment avec une personne positive, vous vous sentez pousser des ailes, et comme illuminé. Cela vous donne de l'énergie. Un jour, bientôt, vous saurez discerner le bon grain de l'ivraie. Vous « sentirez » si une personne est positive ou négative. Les modifications qui interviendront dans votre entourage seront autant d'indicateurs de votre évolution émotionnelle. Vous connaissez, bien sûr, le dicton « Qui se ressemble s'assemble ». Au fur et à mesure que vous adopterez une attitude positive, vous serez attiré par d'autres genres de personnes et vous leur plairez.

Quand j'aborde cet épineux problème dans mes cours, une question surgit immanquablement : « Je suis d'accord avec vous, mais que faire de ses vieux amis avec qui l'on n'a plus grand-chose en commun ? » Ressentir de la culpabilité à l'idée de laisser tomber des complices de toujours est une chose très naturelle, mais à mon avis tout à fait injustifiée. Tout d'abord, c'est supposer qu'ils ne seront pas assez forts pour se passer de votre présence. N'est-ce pas là un signe d'orgueil ? Mieux encore, c'est sous-estimer ses amis. Je peux vous assurer qu'ils se lieront avec d'autres personnes quand vous vous serez éloigné d'eux. Soyez humble, mais surtout réaliste : l'univers des râleurs et des pleurnicheurs continuera de tourner. Il n'a pas besoin de vous ! Vos anciens amis trouveront d'autres épaules pour épancher leur fiel et leur amertume.

Pour que mes élèves ne me considèrent pas comme un monstre insensible et froid, je leur présente aussi une autre possibilité. Votre énergie nouvelle est communicative, si bien qu'il devient tout à fait possible que vous puissiez changer la manière de voir de vos anciens amis, c'est-à-dire les rendre positifs à leur tour. C'est, bien sûr, le cas de figure idéal. Cependant, jouer à l'ambulance, c'est bien un certain temps ! Même si vous décidez d'essayer de changer vos vieux amis, vous aurez quand même envie d'étendre votre champ de relations à des personnes nouvelles, positives, qui vous soutiendront dans votre cheminement.

Trouver des guides

Vous allez en effet chercher à vous entourer de gens qui vous serviront d'appui, des personnes qui vous feront sentir à quel point vous êtes devenu quelqu'un de formidable. Quand vous leur annoncerez que vous suivez un stage de formation professionnelle ou que vous avez changé de travail, vos nouveaux amis vous diront : « C'est formidable. Tu vas voir, ne t'en fais pas, tu t'en sortiras très bien, tu vas y arriver ! Fonce ! » C'est à ce genre de soutien que je fais allusion, exactement le contraire de ce qu'auraient pu dire certains de vos anciens amis : « Eh bien, tu vas avoir du mal ! Tu délaisses la proie pour l'ombre. Es-tu sûr de ne pas prendre un risque inutile en changeant de travail, alors que le tien t'offre une certaine sécurité et un salaire confortable ? » À mon avis, si vous entendez ce genre de Cassandre, prenez un grand balai et faites un ménage salutaire autour de vous…

Cherchez plutôt à vous lier avec des gens qui sont à un stade beaucoup plus avancé que vous dans la voie de la positivité. Comme je l'ai lu dans un livre autrefois, « pour se frayer un chemin à travers les eaux troubles, on recherchera la compagnie de ceux qui ont bâti des ponts, surmonté le désespoir et l'inertie ».

Vous jugez valorisant de pouvoir entraîner des gens dans votre sillage, et vous avez certainement raison, mais il est aussi rassurant d'être entraîné par un guide qui vous montre le chemin. En compagnie d'un tel « berger », la vie deviendra plus facile et agréable. Elle ne ressemblera plus à un combat dans lequel vous seriez constamment en première ligne. Les gens positifs ont un secret : ils ont appris à ne pas trop se prendre au sérieux et c'est très gratifiant de devenir leur ami. Attention, ne vous méprenez pas, je n'ai pas dit que les esprits positifs sont autant de doux dingues loin du réel ! Le groupe mentionné dans le chapitre précédent, *La vie intérieure*, ne se contente pas d'encourager la pensée positive. Il aide aussi les gens à porter un regard diffèrent sur ce qui nous entoure afin de créer un monde meilleur.

Pour conclure, il est absolument essentiel pour vous d'être entouré de personnes qui vous appuient. Vous vivrez ainsi votre quête de maîtrise de soi de la manière la plus sereine et la plus facile. Je n'insisterai jamais assez sur l'importance d'avoir, dès les premiers jours, un soutien fort, sous la forme d'un groupe confirmé ou d'un cercle d'amis positifs.

Trouver les perles rares

Comment vous y prendre pour vous faire de tels nouveaux amis ? Pensez aux personnes que vous avez récemment rencontrées. Faites le tri et retenez celles que vous avez beaucoup appréciées, voire admirées. Débrouillez-vous pour trouver leur numéro de téléphone ou pour les revoir d'une manière ou d'une autre. Dites-leur tout simplement que vous souhaiteriez mieux les connaître. Invitez-les ensuite à déjeuner ou à dîner. Je comprends parfaitement qu'un tel « rentre-dedans » va vous terrifier la première fois. Mais avec l'habitude, vous trouverez cela tout naturel.

Allez, je ne résiste pas à la tentation de vous raconter une petite anecdote personnelle à ce sujet. C'était il y a une quinzaine d'années, et je me souviens encore que ma main tremblait au moment de composer le numéro de celle que j'avais élue au rang de « première nouvelle amie »... À mon plus grand étonnement, elle s'est montrée absolument ravie de mon appel. Je dois vous avouer entre parenthèses qu'à cette période de ma vie, j'avais si peu d'estime de moi que j'étais persuadée qu'elle essayerait de m'éviter à tout prix. Au contraire, elle m'a dit qu'elle était vraiment enchantée de mon coup de fil. « Vraiment ? », ai-je répondu, trahissant mon manque d'assurance. Bref, nous avons convenu d'un rendez-vous, nous avons passé une excellente soirée, et Mathilde est toujours l'une de mes meilleures amies. Avec le temps, il m'est devenu de plus en plus facile de nouer de nouvelles relations. Aujourd'hui, j'ai le bonheur d'être entourée d'une foule de gens fantastiques.

Bien sûr, vous allez devoir faire un effort, mais cela n'est pas insurmontable. Par pitié, ne restez pas bêtement assis chez vous à attendre que le téléphone sonne, en vous demandant pourquoi vous êtes toujours seul. Il ne se produira jamais rien ! Sortez de votre cocon et créez vous-même ce que j'appellerais votre « comité de soutien ». Même si l'idée vous terrifie, faites-le quand même ! Même si vous essuyez quelques refus, ne vous laissez pas abattre, et continuez d'appeler d'autres personnes que vous appréciez. Même si, sur dix appels, vous n'obtenez qu'une seule réponse chaleureuse, dites-vous que c'est formidable. Pour vous donner du courage, n'oubliez pas que vous-même seriez flatté de l'intérêt qu'on vous porte, même si vous deviez décliner une invitation pour une raison ou une autre. Le simple fait de recevoir votre appel fera plaisir aux personnes que vous avez élues. Sélectionnez-les aussi avec précision. Choisissez des gens que vous supposez être plus épanouis que vous, plus maîtres d'eux et plus positifs que vous. Vous prendrez ainsi de l'assurance quand vous constaterez, éventuellement, les avoir dépassés.

Il existe une infinité d'endroits pour rencontrer des gens. Creusez-vous la tête et cherchez ceux où vous avez le maximum de chances de dénicher des personnes positives : cours de formation continue, associations et clubs thématiques divers, forums de discussions sur le net, etc. Vous trouverez là des gens complètement en phase avec votre démarche, avec lesquelles vous aurez beaucoup de choses en commun.

Le partenaire qui résiste

C'est fait, vous avez mis de l'ordre dans votre cercle d'amis ! Mais vous vous posez une angoissante question : « Que dois-je faire si, dans mon entourage, la personne la plus décourageante est justement celle avec qui je partage ma vie ? »

Il s'agit là d'un problème épineux à prendre avec des pincettes. Plus que tout autre en effet, c'est généralement le conjoint qui est tenté d'opposer la résistance la plus vive à l'épanouissement de son partenaire. On ne s'en étonnera guère, bien qu'il soit décevant et même choquant de constater justement ici un manque de soutien. Dans un couple, l'un s'imagine souvent qu'il a forcément à perdre si l'autre commence à faire tanguer la barque, c'est-à-dire à changer. Il lui faudra certainement un peu de temps avant de réaliser qu'il a au contraire tout à y gagner.

Les deux histoires qui suivent sont des exemples extrêmes de la difficulté des conjoints à accepter le fait que leur partenaire change. Pourtant, comme vous allez le voir, ces personnes décidées à adopter une attitude positive partaient, comme on dit, de loin. Leurs cas frisaient même l'état pathologique…

Le cas « Muriel »

Muriel est l'une de mes plus anciennes élèves. Elle a vécu pendant dix-huit ans avec la peur constante de s'aventurer au-delà de la petite ville où elle habitait. En fait, durant les quelques années précédant son inscription à mon cours, elle ne quittait plus sa maison que très rarement. Comme vous l'avez peut-être deviné, elle était agoraphobe. Mon enseignement est adapté aux angoisses du quotidien, pas aux phobies qui relèvent de la psychiatrie. Malgré tout, quelque chose la poussait à suivre mon enseignement

Son mari, Thierry, devait l'amener. Il l'accompagnait jusqu'à la salle où j'enseignais et l'attendait à la cafétéria. Muriel était trop angoissée pour faire le trajet en train, et la seule idée de devoir arpenter seule les couloirs du centre de séminaires la faisait paniquer. Quand est venu son tour de s'exprimer lors du tour de table, la terreur se peignait sur son visage. Elle craignait une crise de panique.

Dans le cas de Muriel, j'ai fait appel à la technique dite de « l'intention paradoxale », qui consiste à encourager le sujet à faire ce qui l'effraie le plus. Cette méthode repose sur un principe simple : tant que nous opposons une résistance à quelque chose, le problème ne peut que persister. J'ai donc demandé à Muriel de ne pas « résister » et de nous montrer à quoi ressemblaient ses crises de panique. Comme c'était à prévoir, malgré tous ses efforts, elle est devenue incapable de nous en faire la démonstration... Au lieu de cela, elle a éclaté finalement de rire, comme nous tous. À cet instant même, elle s'était engagée sur la voie de la guérison. Elle a fait tous ses exercices avec application et, au bout de quelque temps, elle s'est remise à conduire, à faire ses courses et même à prendre le métro. Elle s'épanouissait chaque jour un peu plus et cela faisait vraiment plaisir à voir.

Un jour, elle est arrivée au cours avec une mine visiblement contrariée. Elle a expliqué : « Je me sens de mieux en mieux, mais je réalise que mon mari est en train de tout gâcher. Chaque fois que je quitte la maison, il essaye de me faire peur en me prédisant des choses effroyables. Quand je rentre toute contente d'avoir accompli une chose nouvelle sans avoir eu besoin de personne, il se retire dans une autre pièce et va bouder dans son coin. Il m'énerve ! Je ne comprends pas ce qui se passe dans sa tête ! Pourquoi réagit-il comme cela ? »

La réponse paraîtra évidente à tous ceux qui ont décidé un jour de bouleverser radicalement leurs schémas relationnels. Thierry se comportait ainsi pour une quantité de raisons.

Premièrement, les changements intervenus chez son épouse constituaient pour lui une menace. Autrefois, quand elle était victime de son agoraphobie, il avait une femme qui l'attendait toujours bien sagement à la maison. D'un tempérament jaloux, il n'avait jamais dû éprouver le moindre soupçon puisqu'elle ne sortait pratiquement jamais de chez elle... Cela le rassurait. Dans une certaine mesure, même si la phobie de sa femme empoisonnait leur vie de couple, il s'en accommodait fort bien !

Deuxièmement, Thierry était aussi d'un caractère inquiet. Pendant des années, Muriel avait vécu comme un petit oiseau en cage. Comme elle restait chez elle, il ne pouvait rien lui arriver. Maintenant qu'elle arpentait la ville, Thierry avait peur qu'il lui arrive bel et bien un malheur. Tout comme on s'inquiète pour nos enfants quand ils traversent une rue, il se rongeait les sangs à l'idée qu'elle se fasse renverser ou que survienne un quelconque accident. Elle était son « enfant », et il est vrai qu'elle faisait l'apprentissage de la vie en sortant seule.

Troisièmement, Thierry était tourmenté par l'indépendance toute neuve de Muriel. Cela faisait si longtemps qu'elle devait compter sur lui pour tout. À présent, elle se débrouillait. Allait-elle encore continuer à l'aimer si elle n'avait plus besoin de lui ?

Vous comprenez maintenant qu'il n'y a pas lieu de s'étonner du comportement de Thierry : il avait d'excellentes raisons de ne pas soutenir son épouse sur la voie de la guérison. Ayant admis les raisons de l'attitude de son mari, Muriel a compris petit à petit qu'il avait désormais besoin – à son tour – de soutien. Elle s'est aperçue qu'elle avait eu tort de se mettre en colère et de lui refuser ainsi son aide. Mais ça a été long et difficile… Son premier réflexe, on peut le comprendre, était de dire : « Comment rassurer quelqu'un qui vous met constamment la tête sous l'eau ? »

Les choses se sont lentement améliorées. Aujourd'hui, Thierry et Muriel ont réussi à accepter les changements intervenus dans leur vie de couple. Leur relation est reconstruite sur des bases plus saines. Une chose essentielle a joué en faveur de Muriel : elle était sûre de ne pas vouloir faire marche arrière et redevenir une « prisonnière ». Je crois qu'elle aurait encore préféré divorcer que de revenir au *statu quo ante* ! Elle revendiquait haut et fort son droit à mener une vie normale après tant d'années de souffrance. Quant à Thierry, au regard de la force de motivation de son épouse, il savait que toutes ses manipulations resteraient sans effet. Soit il s'adaptait, soit il perdait Muriel. Comme il avait un caractère suffisamment souple, il a « pris sur lui » et a finalement accepté d'épauler son épouse sur la bonne voie. Il est même devenu, comme vous pouvez l'imaginer, son principal soutien.

Le cas « *Samira* »

L'histoire de Samira et d'André ressemble un peu à la précédente. Samira est aujourd'hui une jolie femme qu'on croirait sortie d'un magazine féminin. Il y a trois ans, elle était obèse… Son médecin l'avait mise en garde en lui disant que si elle ne perdait pas de poids, elle risquait d'avoir de sérieux problèmes de santé. Douée d'une volonté extraordinaire, Samira perdit ses kilos superflus et réussit ensuite à conserver une silhouette svelte. Elle était devenue une autre femme.

Comme celles de Muriel et Thierry, les relations de couple de Samira changèrent de fond en comble. Il a fallu beaucoup de temps à André, son compagnon, avant d'accepter de vivre avec une femme séduisante qui attire le regard des hommes. Sournoisement, il entreprit un travail de sape. Il l'accusait de flirter et de se livrer aux pires turpitudes. Il laissait même traîner exprès des friandises, du chocolat et autres tentations dans le but de la faire grossir ! André n'est pourtant pas un mauvais bougre. C'est au contraire un homme d'une grande gentillesse. Aussi était-il bouleversé de se comporter de la sorte. Il était gêné par la beauté de Samira. Il était odieux et jaloux parce qu'il avait peur de la perdre. Quand il a compris à quel point ce sentiment d'insécurité menaçait de détruire son couple, il a entrepris une analyse. La relation d'André et de Samira est aujourd'hui plus solide que jamais.

Le risque de la cassure

Dommage qu'un tel « happy end » ne soit pas toujours au rendez-vous ! Il ne faut pas se le cacher : modifier le contrat tacite d'un couple peut conduire à un divorce. La perspective de briser votre couple n'a certes rien de rassurant, et personne ne peut l'envisager de gaieté de cœur. Dans un couple cependant, quand l'un refuse obstinément à l'autre la liberté de s'épanouir, une décision drastique s'impose : se séparer. Je ne connais personne qui ait regretté de briser une relation inéquitable et préféré se morfondre toute sa vie.

Le « *cas Richard* »

Richard avait toujours été un bon père de famille qui n'avait jamais pris aucun risque. Il était comptable et recevait chaque mois le salaire qui les faisait vivre, lui, sa femme et ses deux enfants. Approchant la quarantaine, Richard s'est aperçu qu'il était sur des rails ne menant nulle part. Il voulait donner un sens à sa vie, et se rendait compte qu'il en avait assez d'être un rond-de-cuir. Une entreprise pour laquelle il avait travaillé autrefois cherchait un repreneur. C'était une petite société d'informatique qui paraissait pleine de promesses, à condition qu'on la remette un peu sur pied. Quand Richard parla à sa femme d'acquérir cette affaire, évoquant la nécessité d'investir des fonds, il se heurta à un refus catégorique. De toute évidence, elle doutait de la capacité de son mari à mener à bien un tel projet.

Richard a quand même décidé de se lancer dans l'aventure. Il se devait d'essayer. Il pouvait échouer, c'est vrai, mais s'il ne saisissait pas sa chance, il passerait le reste de sa vie à le regretter et à faire un travail qui l'ennuyait. Outrepassant l'avis de son épouse, il a réuni les capitaux nécessaires et s'est porté acquéreur.

Je vous laisse imaginer quelle était l'ambiance au domicile conjugal ! Alors que Richard, accaparé par toutes sortes de formalités administratives liées à ses débuts de chef d'entreprise, aurait eu besoin de soutien de la part de sa femme, celle-ci ne lui offrait aucun encouragement. Au contraire, elle l'accablait de reproches sur ce qu'il avait fait, lui prédisant sans cesse l'imminence d'une faillite. Richard, bonne pomme, lui a proposé de travailler avec lui dans la société. Las, elle a refusé tout net.

L'ambiance à la maison devenait de plus en plus lourde et hostile. Richard se rendait compte qu'il était heureux de partir travailler le matin et malheureux quand il rentrait chez lui le soir, exactement l'inverse de ce qu'il ressentait quand il était comptable. Ç'a a été pour lui un signal, et il a demandé le divorce. Aujourd'hui, sa femme vocifère toujours contre lui, l'accusant d'être un monstre d'égoïsme et un père indigne qui a abandonné ses enfants. Simplement parce qu'il a refusé de se plier à ses exigences castratrices !

Richard a divorcé. Son affaire est florissante. Il est heureux et son ex-femme n'a pas changé d'un iota. Il frissonne encore à l'idée qu'il aurait pu laisser échapper la chance qui se présentait. Il a maintenant une meilleure opinion de lui-même. Il avait peur de se lancer, mais il l'a fait malgré tout, même si cela a brisé son mariage. Dans le nouveau couple qu'il a construit, chacun s'encourage mutuellement. Chacun s'épanouit ensemble.

Le cas « Véronique »

Véronique a également préféré s'épanouir plutôt que de s'accrocher à une relation qui tournait au vinaigre. Elle s'était mariée après son baccalauréat et, quatre ans plus tard, elle était déjà maman de deux fillettes. Elle est devenue vite insatisfaite de sa condition de mère de famille. Avec l'aide de son mari Nicolas, elle a décidé de retourner à l'université et d'entreprendre des études supérieures. Malgré ses craintes d'avoir perdu beaucoup de ses connaissances après cinq ans passés à pouponner, elle est devenue la star de sa promotion et a obtenu son diplôme de premier cycle avec la mention « très bien ». Ce premier succès l'a encouragée à poursuivre au-delà, à passer sa licence, sa maîtrise, puis enfin son doctorat.

Tant qu'elle suivait ses études, tout semblait aller pour le mieux avec Nicolas. Il était fier de sa « petite étudiante » et se montrait un père formidable avec les enfants. Mais, après toutes ces années, quand le solide bagage de Véronique lui permit d'intégrer une importante société à un niveau élevé de la hiérarchie, le Pygmalion changea de comportement. Nicolas, moins bien payé que sa femme, faisait un complexe d'infériorité. Les scènes se multipliaient, toujours pour des raisons les plus futiles. Il s'est mis à rentrer de plus en plus tard le soir. Nicolas a pris une maîtresse qui, cela ne vous surprendra pas, n'avait jamais fait d'études… Pour achever cette douloureuse histoire, il s'est montré incapable de supporter l'extraordinaire ascension sociale de sa femme. Après avoir tout tenté, Véronique a demandé le divorce.

Ce fut dur au début : ils étaient alors mariés depuis douze ans. Mais Véronique était forte. Elle trouvait un réconfort dans le plaisir qu'elle prenait à explorer ses capacités personnelles. Elle n'a jamais regretté d'avoir repris des études, même si ce choix a eu comme conséquence de briser son couple. Si c'était à refaire, elle le referait.

Désemparées dans les premiers temps, ses filles sont aujourd'hui très fières du succès de leur mère, qui est devenue un modèle pour elles. Comme Richard, Véronique s'est récemment remariée avec une personne fascinée par sa réussite, son courage et son dynamisme. Son nouveau mari aime en Véronique son esprit curieux. Il ne se sent en rien menacé par ses progrès.

Ayez confiance en l'autre !

Je sais que les relations de couple sont une chose sérieuse. Je sais aussi qu'il faut beaucoup de courage pour ne pas baisser les bras lorsqu'on sent l'autre se transformer en ennemi. À terme, le risque d'une séparation existe, mais l'enjeu est tel qu'il en vaut la peine. Si vous optez pour une certaine stagnation simplement pour ne pas déplaire à votre conjoint, vous deviendrez de toute façon amer. Vous ressasserez le fait que vous avez laissé passer votre chance, et vous en rendrez votre conjoint responsable. Et l'issue sera probablement la même, c'est-à-dire la rupture.

Mais plutôt que d'envisager le pire, je vous suggère plutôt de croire, comme c'est tout naturel, que votre partenaire souhaite ce qu'il y a de mieux pour vous et qu'il sera ravi de votre changement. Très vraisemblablement, il sera soulagé par votre nouvel allant, qui va en quelque sorte le décharger d'une part de responsabilité. Pensez aussi que les gens, dans leur immense majorité, fonctionnent normalement : ils préfèrent que leurs proches soient forts, en bonne santé et affectueux, plutôt que faibles, malades et indifférents… Méditez aussi ceci : s'il se trouvait, par aventure, que votre partenaire vous préfère dans cet état-là, auriez-vous envie de rester à ses côtés ?

Les enfants et les parents

Quand on a décidé de se réveiller à la vie, le conjoint n'est pas seul à poser parfois problème. Les autres membres de la famille également. Vos enfants peuvent devenir bouders, estimant que vous les délaissez. Quant à vos parents, ils risquent plus sûrement encore de se montrer critiques. Ils vous ont « fait » d'une certaine manière. Et vous avez le toupet de vouloir changer, c'est-à-dire de critiquer indirectement l'éducation qu'ils vous ont donnée ! C'est tout à fait normal qu'ils résistent à vos changements.

Les enfants sont passés maîtres dans l'art de la manipulation : vous culpabiliser est leur arme favorite, en général. Les parents adoptent, quant à eux, un registre différent. La plupart du temps, ils vous désarçonnent avec subtilité et en douceur, en vous lançant une petite méchanceté du genre : « Mon chéri, es-tu bien sûr d'en être capable ? Tu sais, cela ne t'a jamais vraiment réussi de faire quelque chose tout seul. » Ou bien, la réplique perfide qui vous glace les sangs : « Écoute un peu ta mère, tu ferais bien d'y réfléchir à deux fois avant de divorcer. Qui voudra d'une femme de plus de trente ans, et qui plus est, mère de deux enfants ? » Ou encore, le plus insidieux : « Tu te conduis d'une façon tellement égoïste, ces derniers temps, je ne te reconnais plus. »

Très souvent, les parents croient bien faire en lançant de tels avertissements. Ils ne se rendent pas compte qu'ils vous sapent le moral et vous infantilisent. Quand on leur en fait la remarque, ils cessent aussitôt leurs critiques. Un jour, j'ai rétorqué à ma mère qu'elle n'avait aucune confiance en moi puisqu'elle se faisait sans cesse du souci à mon sujet. Elle m'a répondu que c'était ridicule, qu'elle pensait que j'étais la femme la plus intelligente et la plus compétente qu'elle connaisse. Je lui ai fait remarquer que si c'était le cas, ses inquiétudes n'avaient aucun fondement. Surprise de ma réponse, elle a pris conscience que sa façon de s'adresser à moi était restée la même depuis que j'étais enfant. Il s'est produit un miracle depuis ce petit accrochage : ma mère fait tout pour que je sois toujours plus confiante. « Tu peux le faire, tu es capable de réaliser tout ce dont tu as envie », me répète-t-elle. Oui, c'est vraiment en ces termes qu'elle me parle désormais !

Que faire quand la famille résiste ?

Vous avez peut-être la chance d'avoir une famille qui va vous soutenir dans ce que vous allez entreprendre. Tant mieux pour vous et bénissez le ciel ! Ou vous avez peut-être la malchance de tomber au moins sur un parent récalcitrant, père, mère, frère ou sœur, qui se sentira brusquement dépossédé de son emprise sur vous et cherchera à vous manipuler. C'est malheureusement le cas de figure le plus fréquent. Pour venir à bout de cet épineux problème, il vous faudra connaître les techniques à appliquer de manière à ce que tout le monde sorte gagnant. « C'est plus facile à dire qu'à faire », me direz-vous. « Modifier son propre comportement est déjà difficile, mais si l'on doit en plus composer avec l'hostilité de son entourage, cela ressemble aux douze travaux d'Hercule ! »

Calmez-vous ! Arrêtez de ronger votre frein en pensant à l'attitude de votre sœur acariâtre ou aux petites perfidies de votre mère ! Quand j'ai repris mes études, tout le monde paraissait consterné : mon mari, mes enfants, mes amies et ma mère. Cette dernière, forcément vieux jeu compte tenu de la génération à laquelle elle appartient, ne comprenait pas comment je pouvais « abandonner » mes enfants. Mon mari voyait d'un mauvais œil le fait que j'allais avoir une autre vie dont il se sentirait exclu. Mes enfants, quant à eux, prenaient un malin plaisir à me culpabiliser parce que je n'étais plus toujours disponible pour répondre à leurs caprices. J'en termine avec mes amies : toutes femmes au foyer, elles se rangeaient forcément du côté de ceux que je viens de citer !

Le coup du balancier

Dire que tout cela m'a déstabilisée est un doux euphémisme. Je suis devenue très agressive envers ceux qui se mettaient en travers de mon chemin. Ç'a été une période tumultueuse. À l'époque, je n'étais pas assez mûre pour comprendre cette désapprobation et adopter une attitude appropriée. Mes réactions étaient au contraire tout à fait inopportunes. J'étais odieuse. J'étais victime de ce que j'ai appelé plus tard le « syndrome du balancier », illustré ci-dessous.

Je m'explique. Quand on cherche à changer et à se donner des bases plus saines, on a tendance à aller trop loin, c'est-à-dire à passer à plusieurs reprises d'un état de passivité à un état d'agressivité avant de parvenir à une stabilisation. Pour être plus précise, ce balancement pourrait s'appeler le « syndrome passivité-agressivité-assurance ». On peut reconnaître l'état agressif dans les différentes répliques suivantes (il s'agit de versions édulcorées de ce

LE SYNDROME DU BALANCIER		
Comportement initial	Objectif	Terrain expérimental
Inapproprié (Passivité)	Approprié (Maîtrise de soi)	Inapproprié (Agressivité)
	A	
	B	
	C	
	D	
	E	
	F	
	G	

que je pouvais dire lorsque j'étais au plus mal avec ce fameux syndrome) :

– « Comment oses-tu me dire cela ? »

– « Je me moque complètement de ce que tu peux penser. Je fais ce que je veux ! »

– « Je n'ai pas besoin de toi. Je n'ai jamais eu besoin de toi, du reste ! »

– « Tu m'accuses d'être égoïste ? Tu t'es regardé ? »

Bien que ces prises de bec laissent la plupart du temps un goût amer, elles font, d'une certaine façon, infiniment de bien. En effet, elles constituent autant de signes tangibles du changement de votre personnalité. Le seul problème, c'est que vous manquez de confiance en vous, et que vos réactions sont par conséquent excessives.

Ce glissement vers un comportement agressif se produit au moment où l'on se cramponne au désir d'évoluer : comme on est tenaillé par la peur de régresser, plutôt être odieux que de revenir vers un état passif. Quand les nuages se dissipent, on redevient ensuite plus calme et plus serein, d'où ce mouvement de balancier, tantôt d'un côté, tantôt de l'autre, instrument de notre apprentissage d'un nouveau langage et signe de confiance en soi. Il faut du temps pour se stabiliser, c'est-à-dire jouer au yo-yo entre état de passivité et état d'agressivité… Mais la patience est mère de toutes les vertus ! Au bout du compte, vous exprimerez plus sereinement vos désirs, vous réaliserez plus calmement vos projets, et vous aurez un comportement plus assuré.

L'essentiel, c'est de ne pas pratiquer l'autoflagellation quand vous vous trouverez dans une situation inappropriée (passivité ou agressivité). Au passage, il est intéressant de noter qu'on laisse volontiers à nos enfants tout l'espace de liberté nécessaire à leur apprentissage du monde, tandis qu'on est beaucoup plus sévère à notre égard dans le même cas. En réalité, la vie n'est faite que d'expériences, souvent déstabilisantes, de nouveaux codes comportementaux. De ce fait, on n'avance qu'à tâtons, à la recherche de l'attitude qu'il convient d'adopter.

Restez lucide

Là encore, prendre conscience des choses ouvre les portes : que votre évolution et vos prises de risques puissent se heurter à la résistance de votre entourage, c'est un fait dont il faut tenir compte. Si ce n'est pas votre conjoint, ce seront vos parents, vos enfants ou vos amis. Quand on se met à faire des remous et à bouleverser l'ordre du monde, il se trouve nécessairement quelqu'un pour vous dire de vous tenir tranquille. N'en soyez ni offensé, ni surpris, ni fier. La personne qui réagit ainsi cherche à se protéger. La plupart du temps, elle ne se rend pas compte de ce qu'elle fait. Dans son esprit, les reproches et les critiques qu'elle vous adresse sont parfaitement justifiés. Elle le fait « pour votre bien ». Il est essentiel de garder cela à l'esprit pour rester lucide.

Cette clairvoyance vous aidera aussi à vous montrer reconnaissant à l'égard de ceux qui vous épaulent. Faites-leur plaisir quand ils agissent dans le bon sens. Envoyez-leur un petit mot gentil pour les remercier de leur soutien. Offrez-leur des fleurs, des chocolats ou n'importe quelle autre petite attention. Ainsi, ils redoubleront leurs encouragements et développeront eux-mêmes une manière positive de voir les choses. Quand je vous disais que la pensée positive était contagieuse !

Quelques remèdes contre le « syndrome du balancier »

En connaissant maintenant le pourquoi et le comment de vos va-et-vient entre état de passivité et état d'agressivité, vous devriez déjà pouvoir court-circuiter quelques conflits et mieux gérer les autres. Il existe différentes méthodes destinées à neutraliser ce genre d'antagonismes, dont l'une et l'autre partie tireront bénéfice. Vous trouverez ainsi de précieux conseils dans les ouvrages traitant de la confiance en soi. Je vous suggère avec insistance d'en consulter quelques-uns. Ils vous apprendront à répondre aux éventuelles remontrances de vos proches sans les blesser, grâce à une formulation mieux appropriée.

Premier exemple :
– *Votre mère :* « Tu n'y arriveras jamais tout seul ! »
– *Mauvaise réponse :* « Occupe-toi de tes affaires. Je fais ce que je veux ! »
– *Bonne réponse :* « Je te remercie de ton conseil, Maman, mais je me sens sûr de moi. Je sais que je parviendrai à franchir tous les obstacles. J'aimerais bien aussi que tu aies davantage confiance en moi. Cela m'aiderait vraiment beaucoup ! »

Dans la bonne réponse, vous affirmez nettement votre confiance en vous (même si ce n'est pas le cas, faites semblant !). Vous faites par ailleurs clairement comprendre que vous attendez un soutien de la part de votre mère.

Deuxième exemple :
– *Votre mari :* « Regarde-toi. Tu es devenue foncièrement égoïste depuis que tu fais ce travail. Cela ne te gêne pas ? »
– *Mauvaise réponse :* « Tu me traites d'égoïste. Qui est-ce qui a toujours vécu dans ton ombre depuis toutes ces années ? Maintenant, c'est à mon tour d'exister un peu. »
– *Bonne réponse :* « Je crois savoir pourquoi tu me traites d'égoïste : je ne suis plus aussi disponible pour toi désormais. Crois-moi, ces changements sont aussi difficiles à vivre pour moi que pour toi, mais j'en ai absolument besoin pour m'épanouir. Si je ne le fais pas, je sais que je me ferais des reproches à moi-même et que je t'en voudrais aussi. J'aimerais vraiment avoir ton soutien dans cette épreuve. Je comprends que tu te sentes un peu mis à l'écart en ce moment, c'est bien légitime. Je veux que tu saches que je t'aime énormément. Que peut-on faire pour que les choses rentrent dans l'ordre ? »

Troisième exemple :

– *Vos enfants :* « Tu t'en fiches pas mal de nous, maintenant ! »

– *Mauvaise réponse :* « Vous, les enfants, vous n'êtes que des ingrats. Je suis votre esclave depuis que je vous ai mis au monde. Maintenant que j'ai décidé de penser enfin un peu à moi, vous vous plaignez ! »

– *Bonne réponse :* « Je sais que je ne suis pas tout le temps à la maison. Mais je suis convaincue que vous allez trouver un moyen de vous passer de moi pendant ces quelques heures d'absence. Les parents sont des gens comme les autres. Et il est très important pour moi de me réaliser dans mon travail ! »

Vous avez bien saisi les nuances dans le propos ? La discussion ne s'arrête pas toujours là, mais le sens général y est. En fait, vous devez pratiquer une sorte d'« autodéfense non agressive », faire en sorte que la plus belle victoire soit celle où tout le monde sort gagnant.

Lorsque vous éprouvez le « syndrome du balancier », c'est-à-dire quand vous avez l'impression de passer d'un état d'agressivité à un état de passivité, essayez de rester posé, ferme, mais aussi ouvert et compréhensif. Les cassettes d'autosuggestion, la musique relaxante et la répétition d'affirmations positives (voir chapitre 5) constituent autant de méthodes susceptibles de vous apaiser. Les chapitres suivants vous dévoileront des outils complémentaires pour parfaire votre « self-control ». Ils vous permettront d'obtenir ce que vous voulez sans heurter qui que ce soit autour de vous.

Aimer mieux

Vous réagissez aussi violemment au manque de soutien de vos proches parce votre désir infantile d'approbation est déçu. C'est très simple : quand on se sent agressé par les commentaires des autres, c'est la preuve que l'on se comporte encore comme un enfant. Un adulte réagirait autrement et envisagerait la situation de manière moins passionnelle. Il se passe exactement la même chose dans le cas de la culpabilité. Comme l'hostilité, ce sentiment masque souvent notre rage devant notre incapacité à briser une dépendance malsaine envers ceux que nous aimons. L'agressivité liée au « syndrome du balancier » résulte justement de cet attachement.

Quand vous deviendrez plus adulte dans votre manière de vous épanouir, alors votre entourage pourra tout se permettre. Même les remarques les plus perfides ne feront que glisser sur vous, sans vous atteindre le moins du monde. Vous serez même capable de l'impensable : les embrasser sur la joue et leur susurrer : « Je t'adore, mais je dois vivre ma vie. » Point final. Ni cris, ni larmes, ni crise d'hystérie ou autre grande diatribe ! Avant de parvenir à une telle sérénité, il vous faudra travailler, sortir de votre rôle d'enfant et devenir adulte. Briser vos rapports puérils avec les autres et les remplacer par des relations plus responsables vous permettra d'agir de façon plus affectueuse avec votre entourage. C'est paradoxal, mais c'est ainsi : moins vous dépendez des autres, plus vous êtes capable de les aimer.

Prenez votre famille comme « champ d'expérience ». Votre manière de réagir avec certains de ses membres déterminera les points que vous devrez travailler. Vous pourrez vous entraîner à éviter les réactions inappropriées et à adopter un comportement plus responsable. Ainsi, au lieu d'éprouver l'irrépressible envie d'étrangler votre cher et tendre quand il vous donne du fil à retordre, utilisez-le comme un miroir révélant vos attentes en termes d'épanouissement.

L'extrême : la mise entre parenthèses

Si votre famille, malgré vos efforts, persiste dans son attitude destructrice, il est alors préférable de mettre un peu de distance dans vos relations. Laissez du temps au temps, et attendez d'être en mesure de réagir de manière adulte. Le père de l'une de mes élèves, Charlotte, lui assenait sans cesse et à tout propos qu'elle était une incapable. Il n'y allait pas de main morte ! En définitive, Charlotte a trouvé la force de lui parler en ces termes : « Tu sais, Papa, je t'aime beaucoup, mais j'ai décidé de te voir moins souvent, jusqu'à ce que tu aies un peu plus de respect pour moi. En ce moment, j'ai besoin d'être entourée de gens qui m'encouragent et me témoignent leur affection, et ce n'est pas exactement ce que je ressens quand je suis près de toi. » Elle a maintenu une certaine distance, ne donnant des nouvelles que lors de ses vacances, jusqu'au jour où elle s'est sentie plus forte et prête à affronter les coups bas de son père. Ce n'a pas été facile. Mettre entre parenthèses une telle relation filiale est une expérience douloureuse, jusqu'au moment où la page est définitivement tournée. D'une certaine façon, on doit porter le deuil de tout un pan de sa vie.

Quand Charlotte a revu son père, celui-ci avait changé d'attitude, et ç'a été la fin des humiliations. Avant d'assumer pleinement son rôle d'adulte, Charlotte donnait à son père l'image de la plus parfaite incompétence. Quand cet état de fait a changé effectivement, la réaction paternelle s'est transformée de la même manière : le père sentait qu'il s'adressait à une personne adulte.

Cet exemple me paraît un cas d'école : la force intérieure inspire le respect ; nous gagnons en retour ce que nous avons offert.

Pour conclure

Retenez bien, c'est très important, que vous devez être votre meilleur ami. Quoi que vous ayez décidé de faire, ne vous sabordez pas ! Quel chemin prendre pour grandir : telle est la vraie bonne question ! Faites aussi preuve d'optimisme. Pensez à l'heureuse surprise d'être compris et soutenu par ceux que vous aimez. Si vous vous heurtez à une quelconque incompréhension, envisagez également les choses de façon positive : vos forces toutes neuves vous permettront de transformer ces relations et de tisser des liens sur des bases plus harmonieuses.

CHAPITRE 7
LE CHOIX GAGNANT

La peur de prendre des décisions compte parmi les épreuves les plus paralysantes. Comme le disait l'un de mes élèves en se plaignant : « Parfois, on se sent comme l'âne entre deux bottes de foin : incapable de choisir celle qu'il va manger, il meurt de faim. » L'ironie de la chose, bien entendu, c'est qu'en n'arrivant pas à se déterminer, l'âne fait aussi un choix : celui de mourir. En fait, on décide soi-même de se priver de ce qui serait profitable et agréable.

Le modèle perdant

Le problème tient dans le simple fait que l'on nous a toujours seriné : « Sois prudent ! Tu pourrais faire un mauvais choix. » Un mauvais choix ! Ces simples mots ont le don de nous terrifier. En faisant le mauvais choix, on a peur de perdre : amis, amour, argent, statut social ou toute autre chose qu'est censé nous apporter le « bon choix ».

En outre, la simple perspective de faire des erreurs déclenche en nous fébrilité, panique, voire paralysie totale. On est tellement en quête de perfection que l'on oublie qu'un éventuel impair est toujours source d'enseignement. De ce besoin de perfection et de contrôle de l'issue des événements provient notre peur du changement et des nouveaux défis à relever.

Si vous vous sentez concerné par ces problèmes, je voudrais vous démontrer que vos inquiétudes sont inutiles. Quels que soient vos choix ou vos actions, vous n'avez littéralement rien à perdre, mais au contraire tout à gagner. Comme je vous l'avais déjà dit, la seule chose que vous deviez faire pour changer votre vie est de porter un regard neuf sur ce qui vous entoure. Il faut changer d'état d'esprit, transformer votre manière de penser, de façon à rendre impossible une erreur ou un mauvais choix.

Commençons par la prise de décision.

Supposons que vous ayez une décision à prendre. Si vous êtes comme le commun des mortels, vous êtes conditionné selon le « modèle perdant », qu'il est possible de schématiser de la manière suivante :

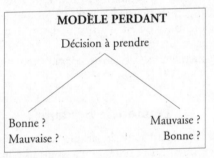

MODÈLE PERDANT

Décision à prendre

Bonne ?   Mauvaise ?
Mauvaise ?   Bonne ?

Vous êtes angoissé devant le choix à faire. Vous pensez aux conséquences en termes d'irréversibilité : à la vie, à la mort ! Bref, vous restez pétrifié, la tête entre les mains, en tournant la question dans tous les sens : « Dois-je faire ceci ? Dois-je faire cela ? Et si je choisis la première solution, que se passera-t-il ? Et si les choses ne se passent pas comme prévu ? Et si… ? »

Ces deux petits mots, « Et si », reviennent toujours. Ils sont formulés par votre infernale « voix intérieure ». En croyant envisager des éventualités, vous ne vous rendez pas compte que vous dressez des plans sur la comète et que vous jouez aux devinettes. Vous essayez de prédire l'avenir, ce qui, vous en conviendrez, est peine perdue. En vous livrant à ce petit jeu, reconnaissez que vous êtes en train de vous rendre fou !

Une fois la décision prise, le « modèle perdant » vous contraint à reconsidérer sans cesse les choses. Vous espérez ne pas avoir commis d'erreur, mais vous en êtes presque persuadé. Vous regardez toujours en arrière en ressassant des « si seulement j'avais… » à n'en plus finir. Vous perdez ainsi une énergie précieuse. En outre, vous vous rendez malheureux.

Vous serez soulagé si l'issue est celle que vous avez tant attendue, mais cela ne durera qu'un temps ! Vous aurez alors envie de souffler, mais avec déjà à l'esprit l'idée d'un éventuel basculement de la situation, qui prouverait finalement que vous vous êtes trompé. En outre, vous serez à nouveau terrifié en pensant à la prochaine décision à prendre, parce que vous allez devoir retraverser une situation semblable, peut-être encore pire…

Le modèle gagnant

Tout ce que je viens de vous raconter vous semble à la fois familier et pure folie ? Vous êtes d'accord avec moi pour penser qu'une telle attitude est forcément perdante ? Allez, rassurez-vous, il existe une autre manière de se comporter : le « modèle gagnant ».

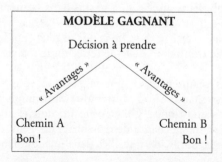

Comme vous le remarquez, deux chemins s'offrent à vous (A et B). Les deux possibilités sont bonnes : l'une et l'autre ne présentent que des avantages ; elles vous conduisent toutes deux vers une situation gagnante.

Quels sont ces « avantages », me demanderez-vous ? Il s'agit pêle-mêle de pouvoir envisager les choses sous un autre angle, d'apprendre et d'évoluer, de découvrir qui on est, qui on veut être, ou ce qu'on attend de la vie, etc. Les chemins A et B sont jalonnés d'avantages, quelle que soit l'issue.

« Comment, quelle que soit l'issue ? » Jusque-là, vous me suiviez, mais je vous sens devenir dubitatif à la lecture de ces quelques mots, pour ne pas dire franchement incrédule. J'entends déjà vos « Et si... ». Pour vous faire bien comprendre de quoi il s'agit, rien de tel encore qu'un exemple.

Imaginez que vous soyez face à un choix cornélien : garder votre emploi actuel ou décider d'accepter le nouveau travail qu'on vous propose.

Si vous suivez le « modèle perdant », votre « voix intérieure » va immédiatement entonner son petit refrain habituel :

« Si je ne change pas de travail, je vais peut-être regretter une belle opportunité d'évolution. Mais si j'accepte, il se peut que je ne sois pas à la hauteur de mes nouvelles responsabilités. Et si je suis licencié et que je me retrouve au chômage ? Dans le fond, j'aime bien ce que je fais maintenant. Peut-être qu'en restant, j'ai plus de chance d'évoluer, d'avoir une promotion et un salaire plus important. Mais cela fait plusieurs années que je suis dans la même entreprise, et ce n'est pas très bon pour ma carrière... Et si je m'en voulais d'être resté ? Oh, je ne sais plus quoi faire ! J'ai peur de me tromper et de le regretter toute ma vie ! »

Voyons maintenant ce qui se passe si vous suivez le « modèle gagnant » : votre intrépidité va triompher :

« C'est fantastique ! On m'offre un nouvel emploi. Si j'accepte, j'aurai la chance de rencontrer des gens, d'utiliser de nouveaux outils, de travailler dans une ambiance complètement différente, et d'élargir mes connaissances. Bon, si les choses ne se passent pas aussi bien que je l'espère, je sais que je pourrai assumer ! Le marché de l'emploi n'est pas très brillant dans ma branche, mais, de toute façon, je sais que je trouverai un autre travail au bout de quelque temps. D'ailleurs, même si je fais l'expérience du chômage, cela aura des côtés bénéfiques : j'apprendrai les différentes techniques de recherche d'emploi, je suivrai des stages de formation professionnelle, je rencontrerai des gens d'univers différents, etc. Si je décide de rester dans mon entreprise, ce sera l'occasion d'approfondir des contacts actuels. Cette proposition me redonne le moral. Si j'y renonce, je vais sans doute demander une promotion. Si, pour une raison ou pour une autre, cela ne marche pas, j'aurai d'autres opportunités. Quel que soit le cas de figure, je sens que je m'engage dans une belle aventure. Peu importe où elle me mènera ! »

Je connais certaines personnes qui réagissent de manière aussi positive quand ils sont face à un choix. Leur vision de la vie fascine leur entourage. Ils vivent dans un univers de « gagnants » qui fait vraiment plaisir à voir.

Alexandre en est un parfait exemple. Aujourd'hui psychologue dans un institut médico-psychologique, il s'est d'abord orienté vers le métier d'avocat, marchant ainsi sur les traces de son père. Après un baccalauréat avec mention, il s'est inscrit à la Faculté de droit, ce qui l'a obligé à quitter le nid familial pour vivre en cité universitaire. Il a travaillé dur, et a réussi brillamment son premier cycle d'études universitaires. Pendant ces deux ans passés dans sa petite chambre d'étudiant, il réfléchissait souvent à son avenir. Il se demandait s'il ne s'était pas trompé de branche. Sa voie semblait toute tracée, mais il se rendait compte qu'il n'avait guère envie de faire de sa vie un éternel combat, ni de jouer les justiciers pour des causes perdues. Alexandre voulait aider les gens d'une autre façon : la psychologie en milieu hospitalier lui paraissait plus conforme à ses aspirations profondes. Il réalisait aussi que sa décision de devenir avocat était liée en grande partie au désir de plaire à son père. C'était par ailleurs une solution de facilité : il pourrait prendre sa succession dans le cabinet. Finalement, Alexandre abandonna ses études de droit et s'inscrivit en psychologie. Son père lui dit qu'il acceptait le fait accompli, mais qu'il ne le soutiendrait plus financièrement. Alexandre est resté ferme dans son choix et a vécu de petits boulots.

Beaucoup de gens dans l'entourage d'Alexandre, son père en premier lieu, considéraient ces deux années de droit comme autant d'années perdues. L'intéressé envisageait les choses tout autrement : ce premier cycle en droit avait été une expérience profitable ; il lui avait permis de découvrir que le métier d'avocat n'était pas fait pour lui. Comme le montre cet exemple, écarter ce que l'on ne veut pas a, paradoxalement, autant de prix que de déterminer ce que l'on souhaite.

De ses deux années de droit, Alexandre tirait bien d'autres bénéfices. À l'université, il s'était fait beaucoup d'amis qu'il continue de voir aujourd'hui. Ces relations dans le monde juridique l'ont aidé par la suite à se tirer de nombreuses situations, tant personnelles que professionnelles. Par ailleurs, Alexandre a été obligé de s'assumer financièrement quand il s'est inscrit en psychologie. Les petits boulots d'étudiant qu'il occupait alors lui ont permis de rencontrer des gens d'un tout autre statut social que lui, des personnes que ce « fils à papa » ultra protégé n'aurait sans doute jamais pu connaître autrement. Employé dans un grand magasin, il a compris certaines douloureuses réalités du monde du travail, ce qui a changé sa vision de la société. Inscrit dans des agences d'intérim, il s'est aperçu du peu de considération qu'on avait pour les travailleurs dépourvus de qualification. Il sait à quel point une tâche peut être pénible, mal rétribuée, et précaire par-dessus le marché.

Soyons honnête toutefois, le chemin d'Alexandre dans le monde du travail n'a pas non plus été qu'une vallée de larmes. Grâce à l'un de ses collègues, il a rencontré celle qui allait devenir le grand amour de sa vie. En outre, parvenu en troisième cycle, il a obtenu une bourse de doctorat et un poste d'assistant à l'université. Il a pu alors abandonner les petits boulots, mais il a conservé aussi des liens avec ses anciens collègues. Leur statut social était certes différent du sien, mais l'essentiel était leur grande valeur humaine.

Dans l'existence d'Alexandre, cette série d'événements eut une valeur inestimable en termes d'enseignement et de prise de responsabilité. Il n'en était certainement pas conscient à l'époque, mais son père lui avait vraiment rendu un grand service en l'obligeant à ne compter que sur lui-même. Alexandre a appris qu'il y a toujours moyen d'obtenir quelque chose que l'on souhaite ardemment. Au bout de cinq ans, il en a eu assez d'alterner les petits boulots mal payés. Il rêvait de décrocher cette bourse, mais il savait qu'il trouverait bien une autre forme de financement s'il ne l'obtenait pas. Il abordait les situations nouvelles avec force, énergie et confiance. Souvenez-vous qu'à la base de chacune de nos angoisses, il y a un manque de confiance en soi. Pour Alexandre, chaque décision prise était vécue comme une nouvelle marche gravie. Elle renforçait sa confiance en lui.

Pourquoi s'empoisonner la vie ?

Quand je présente le « modèle gagnant » à mes élèves, je me heurte d'abord à une vive résistance de leur part : « Vous n'êtes pas réaliste ! », me répondent-ils en chœur. Comme je l'ai déjà dit, nous sommes conditionnés au fait que négatif = réaliste et positif = irréaliste. Cependant, après que j'ai ébranlé leurs *a priori* à l'aide d'arguments très simples, mes étudiants s'accordent finalement à trouver le « modèle gagnant » plus crédible que son contraire. Force est pour eux d'admettre cette lapalissade : le « modèle gagnant » est seul à même de les conduire de l'état de souffrance à l'état de pouvoir.

Je leur explique aussi, et je n'ai aucun mal à le leur faire comprendre, que partir d'une position gagnante est bien plus confortable. Dans ce cas, pourquoi continuer à résister ? Pourquoi s'acharner à vivre dans la souffrance, à rester immobile et déprimé ? Là encore, il va falloir du temps avant de parvenir à se « déconditionner », c'est-à-dire à imaginer pouvoir fonctionner autrement. Alors seulement, on deviendra capable d'abandonner progressivement le « modèle perdant », qui fait de nous une victime.

On refuse généralement d'adopter le « modèle gagnant » par peur des conséquences des occasions qui se présentent. C'est vrai qu'il est difficile de voir une situation gagnante dans le fait de perdre son travail… Dans la vie courante, quand on parle d'opportunités, on pense immédiatement à l'argent, au statut social et aux « signes extérieurs de succès ». Je vous demande de reconsidérer la signification de ce mot sous un jour entièrement nouveau. Le propos de cet ouvrage est de vous aider à transformer votre peur et d'en faire le moteur qui vous permettra d'atteindre vos objectifs. Chaque fois que vous aurez la force d'assumer vos craintes, votre amour-propre s'en trouvera considérablement renforcé. Quoi qu'il arrive, vous comprendrez qu'il n'y a pas eu mort d'homme : vous survivez. Et vos angoisses auront nettement diminué.

Savoir assumer

Voilà un axiome qui vous devriez écrire en lettres d'or : reconnaître que vous êtes capable de tout assumer est la clé qui vous ouvre la possibilité d'oser prendre des risques.

Pour en revenir à l'exemple plus haut, vous décidez de changer d'emploi, mais vous êtes licencié peu après, et vous vous retrouvez au chômage pendant quelques mois. Cette période tumultueuse sera l'occasion d'affirmer votre confiance en vous, de rassembler vos forces enfouies, de montrer votre détermination, et de réussir à décrocher un autre travail, peut-être plus satisfaisant encore. Pendant votre période de recherche d'emploi, vous ferez de nouvelles rencontres et élargirez vos horizons. Vu sous cet angle positif, perdre votre travail aura été une situation gagnante.

J'ai souvent fait remarquer à mes élèves que les véritables « chanceux » sont peut-être ceux qui ont été contraints, au cours de leur existence, de faire face à des situations que chacun d'entre nous redoute d'affronter : perte d'emploi, décès d'un proche, divorce, faillite, maladie, etc. Chaque fois qu'on est confronté à une situation dramatique ou périlleuse, on en ressort plus fort. Rares sont ceux qui, ayant vécu le pire, n'ont pas ressenti une grande fierté de s'en être sortis, en dépit de l'adversité. Ils ont découvert que la sécurité n'est pas de posséder des choses, mais de savoir gérer les situations. Lorsque vous pouvez remplacer tous vos « Et si… » par autant de « Je vais m'en sortir », vous serez capable de tout affronter avec la certitude de réussir. La peur disparaîtra.

Rester lucide

Si l'on se réfère au « modèle gagnant », il n'existe donc pas de bonne ou de mauvaise décision. Cependant, il faut savoir qu'il y a une certaine marche à suivre pour envisager les différentes alternatives avec clairvoyance. Cette lucidité optimisera grandement vos chances de succès. Elle vous apportera bien-être et sérénité.

Les suggestions suivantes décrivent le processus à suivre au moment de prendre une décision, puis la manière de vous comporter une fois votre choix fixé.

Avant la décision

1. Concentrez-vous immédiatement sur le « modèle gagnant » !

Affirmez : « Je ne peux pas perdre. Peu importe l'issue de ma décision. Le monde fourmille d'opportunités de toutes sortes, et je brûle d'impatience de saisir les chances d'apprendre et de grandir que la vie me donnera. » Évacuez de votre esprit tout ce qui pourrait évoquer un échec. Ne laissez entrer que les pensées en rapport avec ce que vous pouvez gagner. Reportez-vous aux exercices du chapitre 5, qui traite de la pensée positive.

2. Passez à la pratique !

L'éventail des possibilités est large, dans tous les cas. Parler autour de vous, à tous les gens qui voudront bien vous écouter, vous sera d'un grand secours. Ne craignez pas de demander l'avis de professionnels pour vous aiguiller dans votre décision. Si quelques-uns refusent de vous donner des conseils, la plupart d'entre eux se montreront soucieux de vous apporter de l'aide. En fait, ils seront flattés que vous sollicitiez leur opinion.

Soyez également réceptif aux réactions venant de partout. Parlez aux gens que vous rencontrez à l'occasion d'une soirée, mais aussi aux personnes que vous croisez chez le coiffeur, à votre club de gym, dans la salle d'attente du médecin, etc. Tous peuvent, à titres divers, devenir des relations et des soutiens précieux. Leur propre expérience vous apprendra beaucoup. Elle n'est pas à négliger.

Attention, je ne vous conseille pas de vous lier avec tout le monde sans discernement ! Il est important de parler aux personnes « adéquates », c'est-à-dire à celles qui vont vous soutenir dans votre parcours et dans votre épanouissement. Si vous remarquez qu'elles doutent de vos capacités, et qu'elles passent au contraire leur temps à essayer de vous décourager, prenez vos jambes à votre cou. Remerciez-les poliment et essayez avec quelqu'un d'autre : le monde est suffisamment peuplé !

L'un de mes anciens professeurs, un homme merveilleux, me lança un jour cette déclaration lapidaire que j'ai trouvée lumineuse : « La première fois, honte soit sur vous ! La deuxième fois, honte soit sur moi ! » Une petite explication s'impose, car je vous vois d'ici vous gratter la tête d'un air perplexe : si vous soumettez vos questions à un individu qui se montre manifestement insensible à vos aspirations, honte soit sur lui ! Si vous persistez à écouter son discours qui vous mine, honte soit sur vous ! Bref, n'évoquez plus votre décision devant ceux qui vous font douter de vous, parlez plutôt de la pluie et du beau temps si vous êtes contraint de les côtoyer... Tournez-vous au contraire vers ceux qui vous soutiennent, vous encouragent et vous disent : « Je trouve très bien que vous envisagiez telle ou telle chose... » ou « Je t'imagine très bien dans tel ou tel domaine ». Pourquoi s'empoisonner la vie avec des pisse-vinaigre qui vous plongeront dans des abîmes de perplexité alors qu'il est si facile de se sentir « regonflé » par des gens stimulants ?

N'hésitez pas à vous étendre sur vos projets. N'ayez pas peur d'être considéré comme un « raté » si vous ne réussissez pas. Mettez votre orgueil de côté. Votre vrai succès, ce sera d'avoir essayé.

L'une de mes élèves connaissait bien le problème de ceux dont on dit qu'ils passent leur temps à parler au lieu d'agir. Elle subissait des moqueries à chaque départ manqué. On ne peut pas parler de « faux départ » si on s'engage sérieusement dans un projet. Je vais vous donner un exemple tiré de mon expérience personnelle. Il a trait à mes débuts dans le monde du livre.

Il y a plusieurs années, j'avais décidé de publier un recueil de poèmes. Ignorant tout du monde de l'édition, j'ai commencé à parler de mon projet autour de moi, essayant de savoir quelle était la meilleure façon de procéder. J'ai appelé des personnes dont j'avais pris les noms au hasard dans différentes publications (j'ai d'ailleurs été surprise de leur aimable contribution). J'ai ensuite soumis mon manuscrit à une vingtaine d'éditeurs, et les refus se sont succédé. Mais j'ai persisté à parler de mon désir de devenir poétesse et écrivain. Je suis sûre que certains pensaient : « Mais pour qui elle se prend ? Elle croit au Père Noël ! » Lors d'un déjeuner avec l'une de mes très grandes amies, nous avons décidé d'écrire à quatre mains un livre destiné à aider les femmes dans leur recherche d'un emploi. L'une comme l'autre, nous connaissions une foule de femmes tout à fait capables et talentueuses, mais que la peur de l'échec paralysait. À nouveau, j'ai parlé de ce livre à qui voulait bien l'entendre. Là encore, les obstacles que nous avons rencontrés ont délié les mauvaises langues : « Déjà lassée de la poésie ? Ta nouvelle lubie ne verra pas plus le jour que la précédente, je le crains ! » Pas démontée pour deux sous, j'ai continué à évoquer ce projet autour de moi, tout comme mon amie. Un jour, nous avons rencontré plusieurs personnes intéressées dont l'aide fut décisive. Et le jour béni arriva où notre livre se trouva à la devanture des librairies.

On pourrait parler de « faux départs » dans ma carrière d'écrivain. Mais ce n'est pas le cas ! À chaque étape, je me suis sentie toujours plus déterminée à entrer dans la bataille, même si le résultat ne correspondait pas toujours à ce que je m'étais figuré. Et le moins qu'on puisse dire, c'est que j'ai appris à ne pas me laisser abattre par les refus ! Faire part de vos idées et vous montrer persévérant en laissera peut-être quelques-uns sceptiques, mais cela aura deux avantages de taille : accumuler de précieuses informations et, surtout, préciser clairement votre volonté ! La détermination est un outil essentiel – incontournable – dans la réalisation de vos désirs.

3. Déterminez vos priorités !

Livrez-vous à un examen de conscience. Prenez le temps de réfléchir à ce que vous attendez réellement de la vie. Ce n'est pas une chose facile, j'en conviens, notamment parce qu'on a tous été plus ou moins conditionnés dès notre plus jeune âge à faire ce que les autres attendaient de nous. Nous avons perdu notre capacité à jouir des choses. Pour vous faciliter la tâche, essayez de trouver la voie correspondant le mieux aux buts que vous poursuivez dans la vie, d'une façon générale et au moment présent.

Vos objectifs évoluent avec le temps, c'est pourquoi vous devrez les reconsidérer régulièrement. La décision que vous prenez aujourd'hui ne sera pas forcément celle que vous auriez prise dans cinq ans. Si vous avez du mal à déterminer vos objectifs en général, ne vous faites pas de souci. Vous vivrez peut-être encore beaucoup de décisions et d'expériences de toutes sortes avant de parvenir à mettre de l'ordre dans vos priorités. Vous aurez au moins commencé à vous intéresser à ce que vous êtes vraiment. Vous avez le droit de tâtonner dans votre quête de vous-même. Comme dit un proverbe : « C'est à travers les ténèbres que surgit la lumière. »

4. Suivez votre instinct !

Il est difficile d'entrer en contact avec son « moi intime » lors d'un examen de conscience, aussi approfondi soit-il. Cependant, on ressent parfois, venant de l'intérieur de soi, des signaux en faveur de telle ou telle décision. Je m'explique. Vous avez parlé, comme je viens de vous le conseiller, à beaucoup de gens. À la suite de ces innombrables discussions, un choix qui vous semble logique semble se dégager. Pourtant, vous vous sentez influencé par une sorte de pulsion intérieure qui vous oriente vers une autre décision. Si vous éprouvez cette sensation, n'hésitez pas à vous y fier : elle provient de votre subconscient qui vous fait parvenir un message avisé. Suivez sans hésiter ce conseil, vous serez étonné de constater que votre instinct est l'un de vos meilleurs conseillers.

J'ai été la première surprise de voir ma carrière bifurquer simplement parce que j'avais suivi mon instinct ! Après avoir passé mon doctorat en psychologie, j'avais le projet d'exercer en milieu hospitalier, et j'ai obtenu un poste dans un hôpital psychiatrique. Quelques mois plus tard, j'étais sollicitée par un ami qui venait de prendre la direction d'un centre de santé alternatif, qui offre des soins gratuits aux plus démunis. Mon instinct me poussait à accepter cette proposition, même si elle n'avait rien d'un avancement prestigieux. Quelque chose en moi disait : « Va là-bas ! »

Au bout de quelques mois, mon ami donna sa démission, et je lui succédai au poste de directrice administrative. Jamais je n'avais imaginé une seule seconde occuper un jour de telles fonctions, moi, une diplômée en psychologie ! Je m'étais toujours considérée comme une exécutante et jamais comme une dirigeante. L'idée de devenir une gestionnaire ne m'avait jamais effleurée. Quelque part, mon subconscient savait que je serais à la hauteur de la situation et me poussait à accepter ce poste. « Mais qu'est-ce que je fais ? » était la question qui revenait sans cesse quand j'ai commencé, remplie d'appréhension et d'incertitudes, à prendre connaissance de ce qu'on attendait de moi. Tout en faisant l'apprentissage de mes nouvelles fonctions et en acquérant un certain savoir-faire, j'ai fini par réaliser que la gestion administrative ne me déplaisait pas. Loin de là, car j'ai rapidement développé des compétences en ce domaine. De plus, ce centre hospitalier alternatif me laisse aujourd'hui des souvenirs agréables : des moments riches, touchants, fous, drôles, émouvants et stimulants, autant d'expériences que je n'aurais jamais imaginé vivre un jour. Mon subconscient le savait. Il a pris le dessus sur mon raisonnement conscient et objectif qui m'orientait vers une autre voie, mieux balisée et sans surprise.

Pour être bien claire, comme il n'existe pas de mauvaise décision, je tiens à préciser que si j'avais choisi de continuer mon travail de psychologue, cette alternative m'aurait également enrichie, d'une autre façon. Donc, encore une fois, il n'y a pas de bonne ou de mauvaise décision.

5. *Décoincez-vous !*

Nous vivons dans un monde où les gens se prennent trop au sérieux. J'ai une grande nouvelle à vous annoncer : très franchement, rien n'est important ! Si votre décision se solde par de petits ennuis financiers, aucun problème : vous dominerez cette situation sans grandes difficultés. Si vous perdez un amour, « un de perdu, dix de retrouvés », comme on dit. Si vous choisissez de divorcer, pas de panique, vous apprendrez à vous débrouiller seul. Si vous envisagez de vous marier, vous ferez l'apprentissage de la vie à deux et du partage.

Imaginez que vous êtes une sorte d'étudiant inscrit à l'« Université de la Vie ». Votre curriculum vitæ, c'est l'ensemble de vos relations avec le monde, depuis votre naissance jusqu'à votre mort. Chaque expérience compte. Si

vous choisissez le chemin A, vous en tirerez certains enseignements. Si vous optez pour le chemin B, vous apprendrez d'autres leçons. Qu'on apprenne la géologie ou la
géométrie, seuls changent le professeur, les livres, les exercices et les examens. Cela n'a pas d'importance en réalité.
Le chemin A vous fera goûter des fraises, et le chemin B des
myrtilles. Si vous n'aimez ni les premières, ni les secondes,
à vous de déterminer une autre voie. Le truc, c'est simplement de trouver la place qui vous convient dans ce grand
voyage d'études à travers la vie, d'en apprendre le plus possible sur vous-même et sur le monde qui vous entoure.
Alors, décoincez-vous ! Quel que soit le résultat de votre
décision, vous serez capable d'assumer la situation !

Après la décision

Restez dans le réel !

Après avoir pris une décision, on est dans l'expectative la
plus grande. Dans notre esprit, on a échafaudé toutes sortes
de projets bénéfiques que l'on espère voir se réaliser.
D'ailleurs, ces projections mentales ont peut-être en grande
partie déterminé le choix final.

Après avoir pris votre décision, oubliez toutes ces images
mentales. Comme vous n'avez aucun pouvoir de contrôle
sur le futur, elles vous rendront forcément malheureux
dans le cas où elles ne se réaliseraient pas. Une telle déception risquerait de vous faire oublier tous les profits tirés de
votre choix, en premier lieu la chance de mieux vous
connaître. N'oubliez jamais cette règle d'or : si vous considérez seulement l'issue de votre décision sous l'angle de
cette projection initiale, vous passerez certainement à côté
de nombreuses opportunités. En effet, ces « imprévus »
peuvent se révéler bien plus profitables que vos espoirs de
départ. Si vous faites une fixation sur les choses « telles
qu'elles auraient dû être », vous courrez le risque de perdre
de vue les avantages bien réels de la situation dans laquelle
vous vous trouvez. Et même de ne pas vous rendre compte

que la réalité est tout aussi belle, à sa façon, que la projection de votre imagination.

Prenez l'entière responsabilité de vos décisions !

C'est là un point particulièrement délicat ! Si les choses ne vont pas dans le sens souhaité, la tentation est grande de chercher autour de soi un bouc émissaire. Un jour, quand mes actions boursières se sont écroulées au lieu de monter en flèche, j'ai vraiment détesté le conseiller financier qui m'avait dicté un tel placement. Il m'a fallu faire un effort surhumain pour reconnaître la réalité : « C'est moi qui ai décidé d'investir dans cette société. Personne ne m'a forcé la main. » Je me suis lamentée sur mon sort jusqu'au moment où j'ai enfin compris que mon choix malheureux m'avait ouvert d'autres portes. Qu'avais-je appris ? Une foule de choses en vérité. D'abord, que je devais me tenir mieux au courant des marchés boursiers, plutôt que de m'en remettre aveuglément à la compétence d'une tierce personne. Ensuite, je me suis aperçue que j'avais un rapport malsain avec l'argent : c'était un point sur lequel je devais me pencher et que je devais corriger. Perdre cette somme ne m'avait pas empêchée de continuer à vivre. Si mon portefeuille d'actions perdait une nouvelle fois de la valeur, je savais désormais que ce ne serait pas la fin du monde. Je savais aussi que la Bourse joue au yo-yo, et que mes placements reprendraient un jour de la valeur, comme ce fut d'ailleurs le cas huit mois plus tard. Alors, en y regardant de plus près, avais-je pris une mauvaise décision en investissant ? Finalement, non !

Quand vous parviendrez à déterminer le côté opportun de chaque décision, il vous sera beaucoup plus facile d'en endosser la responsabilité. Lorsque vous deviendrez capable d'assumer vos choix, vous serez moins agressif envers les autres et, ce qui est essentiel, envers vous-même !

Rectifiez le tir !

Quand on a pris une décision, il est indispensable de s'engager sérieusement et de tendre au maximum vers ce but. Mais il peut arriver, en dépit de tous vos efforts, que cela ne marche pas. Si c'est le cas : n'hésitez pas à changer votre fusil d'épaule et à rectifier le tir.

On est tellement obnubilé par l'idée de faire le « bon » choix que, même si les choses prennent une mauvaise tournure, on s'y accroche avec l'énergie du désespoir. Si vous voulez mon avis, c'est là pure folie. Apprendre à reconnaître ce que l'on ne veut pas est aussi important que de savoir ce que l'on veut. Envisagez ce changement comme la volonté d'emprunter une nouvelle direction. Bien sûr, il y a ceux qui n'ont de cesse de « zapper » d'une chose à l'autre, utilisant le changement comme un prétexte pour ne pas s'engager. Je ne parle pas, bien sûr, de ceux-là.

Vous vous êtes réellement impliqué dans une certaine direction ? Vous y avez mis toute l'énergie nécessaire ? Vous êtes finalement arrivé à la conclusion que cette voie n'est pas la vôtre ? Alors changez de cap sans hésiter !

Quand vous aurez pris une telle décision, vous vous retrouverez immanquablement en proie aux critiques de votre entourage : « Changer de branche, mais tu es fou ! Tu as investi cinq ans de ta vie dans la création de ton cabinet dentaire ! Tout ce temps et cet argent jetés par la fenêtre ! » Expliquez calmement à votre interlocuteur que rien de tout cela n'est perdu. Dites-lui que c'était ce dont vous aviez envie, à un moment donné, mais plus maintenant. De cette expérience, vous avez tiré une foule d'enseignements précieux et de compétences qui vous seront toujours utiles. Simplement, votre vie ne vous satisfait plus, et il vous paraît nécessaire de prendre un nouveau cap. Je connais un grand nombre de gens qui stagnent dans des situations insatisfaisantes, simplement parce qu'ils ont beaucoup investi et qu'ils ont honte de ne pas continuer. Quelle absurdité ! Pourquoi insister quand cela n'en vaut plus la peine ? Souvenez-vous : c'est une question de qualité de vie et d'estime de soi !

En lisant un livre, j'ai trouvé un excellent exemple pour illustrer ces changements de direction. Visitant la cabine de pilotage d'un avion en vol, un passager remarque une console. Le pilote lui répond qu'il s'agit du système de guidage automatique. Son rôle est de maintenir l'avion à moins de 900 mètres de la piste d'atterrissage cinq minutes maximum avant l'heure d'arrivée prévue. Chaque fois que l'avion dévie de sa route, le système corrige. Le pilote explique qu'ils arriveront à destination à l'heure annoncée, « même si l'avion est en situation d'erreur 90 % du temps ». Le passager émet alors la pertinente réflexion : « Si j'ai bien compris, le trajet qui débute ici et s'achève par l'atterrissage commence par une erreur, qui est corrigée, ce qui provoque un nouveau changement de trajectoire, erreur elle-même rectifiée, et ainsi de suite. En fait, dans ce parcours en zigzag, le seul moment où l'avion emprunte la bonne route est l'instant précis où l'appareil se retrouve face à la piste d'atterrissage. »

J'espère que cet exemple vous permettra de bien comprendre que l'essentiel n'est pas de se faire du souci pour un mauvais choix. Il est au contraire d'apprendre à quel moment le corriger ! J'illustrerais ce principe comme suit :

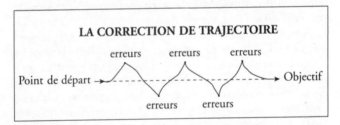

De nombreux signaux vous avertiront qu'il est temps de rectifier le tir. Les plus évidents sont la confusion et l'insatisfaction. Ironie du sort, ces deux sentiments sont considérés comme négatifs et non comme positifs…

C'est difficile à admettre, je sais, mais une contrariété est toujours bénéfique : elle vous apprend que vous faites fausse route et vous pousse à revenir dans le « droit chemin ». Confusion et insatisfaction signifient que vous vous êtes écarté de votre route. Comme le disait l'un de mes amis : « Si on va toujours tout droit, on termine vraisemblablement sa course dans le mur. »

Il est moins difficile d'envisager la souffrance physique comme bénéfique, même si elle est source de gêne ou de douleur. C'est un signal envoyé par le corps pour avertir d'une maladie. Un point de côté persistant peut être le signe avant-coureur d'une crise d'appendicite. Si vous l'ignorez, vous pouvez développer une péritonite et mettre votre vie en péril.

Une douleur morale est également « providentielle » : elle révèle que quelque chose ne tourne pas rond. Elle indique la nécessité de corriger un ou plusieurs points en particulier : votre regard sur le monde, la place que vous occupez dans la société, ou les deux. La souffrance vous crie : « Attention, pas par là ! »

Une certaine introspection est nécessaire pour savoir comment revenir dans la course. Cet examen de conscience sera favorisé par vos discussions avec vos amis ou par la lecture d'ouvrages traitant de l'épanouissement personnel, mais aussi par une participation à des ateliers de travail ou à des groupes de soutien. Il sera d'un plus grand profit encore si vous décidez de suivre une psychothérapie ou une psychanalyse.

Dans l'introduction, j'ai cité l'adage suivant : « Quand l'élève sera prêt, le maître entrera en scène. » Il résume l'idée selon laquelle vous ne serez jamais prêt si vous vous entêtez dans le premier chemin choisi. Vous serez continuellement « hors sujet », et vous n'arriverez jamais à destination. À l'inverse, si vous prêtez une oreille attentive aux signaux vous indiquant de changer de trajectoire, vous arriverez toujours à bon port – ou vous toucherez au moins votre objectif de très près.

En résumé

En guise de pense-bête, voici un résumé des étapes de la marche à suivre quand vous devez prendre une décision. Si vous suivez le processus à la lettre, vous serez plus à votre aise pour faire des choix tout au long de votre vie.

• *Méthode du choix gagnant*
Avant la décision :
1. Se concentrer sur le « modèle gagnant »
2. Passer à la pratique
3. Déterminer ses priorités
4. Suivre son instinct
5. Se décoincer

Après la décision :
1. Rester dans le réel
2. Prendre l'entière responsabilité de ses décisions
3. Rectifier le tir

Si vous avez quelques doutes sur la valeur de cette méthode, résumons maintenant les étapes jalonnant le « modèle perdant » :

• *Méthode du choix perdant*
Avant la décision :
1. Se concentrer sur le « modèle perdant »
2. Devenir fou à force d'hésiter
3. Prédire l'avenir et chercher à se faire peur
4. Ne pas se fier à son instinct et laisser les contingences extérieures dicter ses actes
5. Se laisser écraser sous le poids de la décision prise

Après la décision :
1. Gaspiller son énergie en essayant de tout contrôler
2. Trouver un bouc émissaire responsable de ce qui ne se passe pas comme prévu
3. Devant la difficulté, penser à l'autre voie et se lamenter de ne pas l'avoir suivie
4. Garder le même cap quitte à foncer dans le mur

Vous préférez une telle démarche ? Elle vous paraît drôle et triste en même temps, peut-être même douloureusement familière ? Je suis bien d'accord avec vous : pour se rendre fou, on sait tous parfaitement comment s'y prendre !

L'erreur salutaire

Après cette analyse du « modèle perdant » et du « modèle gagnant » dans l'art et la manière de prendre une décision, j'espère que vous comprenez qu'il est impossible de commettre une erreur. Tout comme une décision est une chance à saisir, une erreur est aussi une opportunité. En voyant les choses sous cet angle, vous êtes assuré de ne jamais vous tromper !

Avant de trouver l'explication d'un phénomène scientifique, un grand chercheur avouait avoir « échoué » deux cents fois. Un jour, un journaliste lui demanda : « Cela ne vous a pas découragé de vous tromper aussi souvent ? » Sa réponse fut : « Je ne me suis jamais trompé ! J'ai seulement découvert deux cents mauvaises méthodes ! »

En poussant le raisonnement à bout, on pourrait conclure la chose suivante : si on n'a pas fait d'erreur depuis longtemps, c'est qu'on va bientôt en faire une… Alors, pourquoi ne pas se barricader chez soi pour esquiver le problème ? Surtout pas, quel immense gâchis ! Ainsi, vous ne prendriez pas le moindre risque, mais vous ne jouiriez jamais non plus des avantages de la vie !

Pendant une période de ma vie, j'avais peur de tout, notamment de ne pas réussir à concrétiser mes désirs les plus profonds. Je restais donc chez moi, victime d'un sentiment d'insécurité que j'avais moi-même construit. J'aimerais pouvoir vous dire que je m'en suis sortie grâce à un séjour chez des moines tibétains… Mais la réalité est bien plus triviale ! C'est en voyant une publicité pour une compagnie aérienne dont le slogan était « Entrez dans le monde ! ». Quand mon regard a été attiré par ces mots, j'ai subitement réalisé qu'il me fallait sortir de mon cocon. J'ai compris que je devais passer d'un stade où j'avais peur de faire des erreurs à un état où j'aurais peur de ne pas commettre d'impairs. J'eus la révélation que si je ne me trompais jamais, je n'évoluerais jamais et je n'apprendrais jamais rien.

Tout ce que vous allez entreprendre ne réussira pas forcément. C'est une chose dont vous pouvez être certain. En fait, il vous faudra multiplier les tentatives, et accumuler, par voie de conséquence, les risques d'échecs. Prenez les choses du bon côté : imaginez tout ce que ces aventures vous apporteront et à quel point elles enrichiront votre vie ! Victorieux ou vaincu, vous sortirez toujours gagnant ! Il vous suffira de corriger la trajectoire pour reprendre votre course vers de nouveaux horizons.

Quelques exercices

Minimiser vos angoisses devant un choix à faire n'a désormais plus de secret pour vous. Vous savez en outre comment envisager d'éventuelles erreurs et en tirer les leçons.

« Mais, concrètement, comment dois-je m'y prendre ? », me demanderez-vous. C'est simple, il suffit de commencer et de se mettre au travail ! Pour vous aider en ce sens, je vous propose plusieurs exercices. Ils vous aideront à dépasser votre peur de prendre des décisions et de commettre des bévues.

1. Référez-vous au « modèle gagnant » et pensez aux décisions que vous devez prendre les jours prochains. Par écrit, faites la liste des avantages qu'offrent respectivement chacun des choix possibles (même si l'issue peut se révéler différente de celle que vous souhaitez).

2. Familiarisez-vous avec l'idée selon laquelle « rien n'a vraiment d'importance ». Commencez par les questions que vous vous posez tous les jours : « Comment vais-je m'habiller pour aller travailler ? » « Dans quel restaurant allons-nous dîner ce soir ? » « Quel film vais-je voir dimanche ? » Aucune de ces questions n'a d'importance. Tel ou tel choix entraînera simplement une expérience différente. Petit à petit, en vous posant des questions aussi futiles, vous serez en mesure d'avoir la même vision des choses quand il s'agit de décisions plus importantes. Un conseil, chez vous et sur votre lieu de travail, collez un peu partout des post-it où figurera la phrase : « Cela n'a pas vraiment d'importance. » Vous verrez, ces constants rappels à l'ordre finiront par vous convaincre qu'il est inutile de tergiverser sans fin.

3. De la même façon, collez des post-it portant le message suivant : « Et alors ? Je m'en sortirai ! » Si les événements ne prennent pas la tournure espérée, est-ce la fin du monde ? Ce petit pense-bête vous aidera à prendre du recul. Il vous rappellera que vous êtes capable de faire face à toutes les conséquences de vos choix.

4. Soyez attentif à tous les signaux d'alerte indiquant que vous déviez de votre objectif. Adoptez une nouvelle stratégie qui corrigera la situation.

CHAPITRE 8
C'EST QUOI, « TOUT »
POUR VOUS ?

« Sans Jacques, j'étais anéantie. Il était toute ma vie ! »
Le mari de Louise, l'une de mes élèves, venait de demander le divorce, après cinq ans de mariage. Quand elle disait que Jacques était toute sa vie, Louise ne plaisantait pas. C'était la vérité : son mari était tout pour elle, elle n'existait pas sans lui. Rien ni personne d'autre n'avait de véritable importance pour Louise. Cette rupture la laissait dans un profond désespoir doublé d'une cruelle sensation de vide. La raison de ce divorce doit être cherchée dans cette relation de dépendance. Comme vous avez peut-être déjà pu en faire l'expérience, une telle sujétion entraîne certains effets pervers très déplaisants : colère, jalousie, amertume, harcèlement, etc. Ces manifestations auto-destructrices résultent de la peur, profondément enracinée en nous, de perdre celui ou celle que l'on considère comme le fondement de notre identité.

La dépendance

Responsable des relations publiques, Pascal avait tout misé sur sa vie professionnelle. Pour lui, seule comptait sa carrière. Rien d'autre n'avait d'importance. Comme dans le cas de Louise, sa dépendance émotionnelle s'accompagnait d'effets négatifs. Au travail, au lieu d'être ouvert et généreux, il jouait la prudence et se protégeait de tout. Il s'arrangeait pour que les mérites rejaillissent sur lui, ignorant superbement les contributions de ses collaborateurs. Dans son désir constant de gagner l'approbation de ses supérieurs, il ne prenait jamais aucun risque. Ainsi, il perdit rapidement toute créativité.

Quand il s'est trouvé licencié à la suite d'une réduction d'effectifs, il a sombré – comme on peut facilement l'imaginer – dans une grave dépression, avec un sentiment extrême d'impuissance doublé de pensées suicidaires. Sa vie lui paraissait brisée. Il éprouvait une affreuse sensation de vide.

Les hommes – et de plus en plus de femmes – ayant tout misé sur leur travail sombrent dans la dépression quand arrive l'heure de la retraite. C'est comme si leur vie s'arrêtait net : d'ailleurs, une proportion importante d'entre eux meurent dans les cinq ans suivant la cessation de leur activité professionnelle. Ils sont tellement abattus qu'ils sont incapables de jouir de la « nouvelle ère » qui s'ouvre devant eux, pourtant la plus riche de liberté et peut-être la plus créative de leur existence !

Jeanne, une femme au foyer, avait fait de ses enfants le pilier de sa vie. Elle était l'archétype de ce qu'elle était convaincue d'être, c'est-à-dire une « bonne » mère. Elle était toujours à la maison quand ses enfants rentraient de l'école. Elle répondait à chacun de leurs besoins. Ses enfants passaient toujours avant tout, et elle en tirait un certain orgueil.

Si Jeanne avait été plus honnête avec elle-même, elle aurait admis qu'elle utilisait ses enfants comme un alibi à sa propre existence. Ceux qui la connaissaient bien voyaient clairement les inévitables effets pervers de son attitude : un besoin constant de dominer et de surprotéger, un sentiment permanent d'autosatisfaction, sans oublier la naissance chez ses enfants d'un sentiment de culpabilité. Jeanne ne cessait de rappeler à sa progéniture tous les « sacrifices » qu'elle faisait. Puis, les enfants ont grandi, sont devenus des adultes et ont quitté le domicile parental. Jeanne s'est alors retrouvée dans ce qu'elle considérait comme une maison vide, alors que son mari y vivait aussi ! C'était le reflet de l'immense vacuité intérieure qu'elle éprouvait. Rester à la maison pour élever ses enfants n'est pas en soi une mauvaise chose, bien sûr. Mais faire de ses enfants son unique raison de vivre est absolument néfaste, non seulement pour soi mais aussi pour eux.

Louise, Pascal et Jeanne partageaient le même sentiment de profonde inutilité. Quand ils perdirent l'objet de leur attachement émotionnel, l'inanité de leur vie leur sauta soudain aux yeux. Beaucoup d'entre vous, à un moment ou un autre de leur vie, ont certainement éprouvé un sentiment semblable. Si c'est le cas, reconnaissez avec moi que c'est l'une des expériences les plus désastreuses qu'on puisse faire ! Au moment où l'on touche le fond du désespoir, on a l'impression que rien ni personne ne pourra nous aider.

Il y a un moyen de s'en sortir !

Peut-on faire quelque chose pour se soustraire à l'emprise de ce sentiment intense d'inutilité ? En dépit de ce terrible vide, existe-t-il quelque chose qui puisse remplir notre vie ? Imaginez que, par bonheur, vous puissiez répondre par l'affirmative. Et réalisez à quel point vos craintes de manquer ou de perdre s'en trouveraient diminuées ! Justement, la réponse à ces interrogations est indéniablement « oui ». Quel soulagement ! Par-dessus le marché, j'ajouterais que la méthode pour se sortir de ce mauvais pas est d'une simplicité enfantine.

Vous lisez sans doute ces lignes avec grand plaisir. Cependant, je tiens à vous rappeler que briser un conditionnement émotionnel aussi fortement ancré en vous exige une grande lucidité, beaucoup de patience et de persévérance. Cela ne doit toutefois pas vous inquiéter. Si vous avancez pas à pas, par petites étapes, en vous octroyant du temps pour apprécier le chemin à parcourir, alors tout ira comme sur des roulettes !

Je vous invite donc à suivre une méthode permettant d'envisager la vie autrement. Elle va vous aider à ne plus ressentir ce désespoir, ce vide et cette peur qui vous étreignent, et qui sont liés à certains aspects de votre passé. Par expérience, je sais que cette libération est possible. Ce chapitre décrit les différentes étapes nécessaires à ce changement, qui vous ouvrira des horizons nouveaux. Attention, pour obtenir un bon résultat, il est indispensable de s'impliquer à fond et surtout de passer à l'action.

Dans un premier temps, le plus important est de déterminer précisément la cause du vide, au moment où votre vie bascule. Si je prends l'exemple d'une relation amoureuse, voici à quoi ressemble votre vie quand vous n'avez aucun autre centre d'intérêt émotionnel :

VOTRE VIE PENDANT LA RELATION AMOUREUSE
RELATION AMOUREUSE

Si, comme dans le cas de Louise, une rupture intervient, votre vie ressemble à cela du jour au lendemain :

VOTRE VIE APRÈS LA SÉPARATION

Il n'est pas bien sorcier de comprendre pourquoi vous vous sentez vide ! Ne vous demandez pas non plus la raison pour laquelle vous avez envie de renouer ce lien de toute urgence ! Sans lui, votre vie est vide. Vous n'existez plus !

Observez maintenant le tableau suivant ; il illustre une façon complètement différente de voir les choses :

LA VIE PENDANT LA RELATION AMOUREUSE		
Engagement personnel	Violon d'Ingres	Loisirs
Famille	Temps pour soi	Épanouissement
Vie professionnelle	Relation amoureuse	Amis

Ce tableau schématise la vie d'une autre de mes élèves, Isabelle. Prenant la forme d'une grille dotée de plusieurs compartiments, l'existence d'Isabelle semble bien plus attrayante que la vie désespérément vide des infortunés Pascal, Louise et Jeanne.

La grille d'Isabelle est non seulement remplie d'activités enrichissantes et stimulantes, mais elle donne aussi le sentiment d'une évolution et d'une capacité d'extension, qui montre bien l'aspect payant de sa façon d'envisager l'existence.

Supposons maintenant qu'Isabelle se sépare de l'homme de sa vie. À quoi ressemblera son schéma après son éventuelle rupture ?

LA VIE APRÈS LA SÉPARATION		
Engagement personnel	Violon d'Ingres	Loisirs
Famille	Temps pour soi	Épanouissement
Vie professionnelle		Amis

Quelle différence avec Louise ! Chez Isabelle, la séparation laisse bien un vide, mais un seul. Sa vie n'est pas complètement anéantie, loin de là ! Bien sûr, l'épreuve est très douloureuse. Elle vit seule désormais, et elle a très envie de retrouver un jour une relation sentimentale stable. Cependant, même dans la situation actuelle, son existence ne ressemble pas à un grand désert : elle est encore bien remplie. Chaque jour, Isabelle vit une multitude d'expériences qui peuvent lui apporter joie et satisfaction. Ainsi, elle n'éprouve pas la sensation de vide que connaît Louise. Isabelle a de nombreux centres d'intérêt, si bien qu'il lui reste possible d'envisager la vie comme une véritable corne d'abondance.

S'engager

Dans l'un de mes cours, quand on aborda le cas d'Isabelle, une élève intervint timidement : elle aussi avait plein de centres d'intérêt dans son existence – famille, enfants, travail, amis, etc. –, mais la seule chose qui « comptait » vraiment pour elle, c'était son couple. Je lui répondis que c'est précisément sur ce point qu'il faut intervenir avec lucidité, persévérance et patience afin d'approfondir son engagement dans tous les aspects de la vie.

S'engager, à mon avis, c'est se donner à 100 %, faire à fond tout ce dont on est capable dans chaque compartiment de la grille. Au travail par exemple, soyez extrêmement consciencieux, ne laissez rien au hasard. En famille, impliquez-vous à 100 %. De même avec vos amis ou quand vous vous adonnez à votre grande passion.

Faites comme si !

Au moment où je commençais à expliquer le concept d'engagement, Sandrine, une autre de mes élèves, me répondit que son travail était seulement temporaire, et qu'elle espérait trouver quelque chose de stable. En attendant, elle s'ennuyait ferme et n'attendait qu'une chose : la fin de son contrat. Dans ces conditions, comment pouvait-elle s'engager à 100 % ? J'expliquai que s'engager dans le travail ne veut pas dire songer à le garder pour toujours, mais se donner à 100 % à l'instant présent. Ainsi, on vit bien mieux les choses.

Pour l'aider à mettre en pratique le concept d'engagement, je proposai donc à Sandrine la méthode suivante : « faire comme si ». En clair, que ferait-elle si ce travail était vraiment très important pour elle ? La classe fit plusieurs suggestions : établir chaque jour des objectifs et mettre tout en œuvre pour les réaliser ; créer des liens affectifs avec plusieurs collègues de manière à mettre une ambiance bon enfant dans le service ; se créer un cadre de travail attrayant. Et elle ajouta : « Je pourrais aussi arriver à l'heure le matin. » J'assurai à Sandrine que son engagement n'aurait pas pour résultat de la clouer sur place pour le restant de ses jours. Elle promit qu'elle allait faire des efforts en ce sens…

Au cours suivant, Sandrine se montra très impatiente de raconter ce qu'il s'était passé pendant la semaine écoulée. Nous étions tous stupéfaits de voir à quel point elle débordait d'énergie. Elle raconta qu'elle avait apporté au bureau une plante et une reproduction de tableau, ce qui avait immédiatement donné une autre allure à son environnement de travail. Elle s'était montrée pleine de bonne volonté et de gaieté avec ses collègues. Le soir, elle ne quittait pas son bureau sans avoir planifié les objectifs du lendemain. Le lendemain matin, elle se concentrait sur ces « cibles » et constatait avec étonnement qu'elle s'en fixait chaque jour deux fois plus. Elle ne pouvait plus se passer de l'intense sentiment de satisfaction qu'elle éprouvait lorsque son but était atteint. Si, d'aventure, il se trouvait que sa « mission » n'avait pas été remplie, elle la reportait tout simplement au lendemain !

Sandrine était elle-même très étonnée des résultats de son engagement. L'un de ses collègues lui avait d'ailleurs demandé ce qui lui arrivait… Il avait ajouté : « Quoi qu'il en soit, continue ! » Comme par un coup de baguette magique, Sandrine se mit à aimer vraiment son travail.

Comme vous le voyez, le simple fait de s'engager à 100 % balaye tout sentiment d'ennui. Lorsque Sandrine cessa de se lamenter sur elle-même, et décida de se donner à fond, elle retrouva satisfaction et énergie. En faisant « comme si » c'était important pour elle, elle y a gagné encore davantage. D'une part, elle est remontée dans sa propre estime, ce qui est extrêmement précieux pour la recherche éventuelle d'un autre emploi. D'autre part, elle a démontré qu'elle était capable d'un comportement radicalement différent. Enfin, elle a évolué vers un sentiment de pouvoir, là où d'autres se seraient sentis paralysés et impuissants.

Ne craignez pas l'enfermement !

Pour rendre cet engagement plus facile à supporter, n'oubliez jamais que, contrairement à ce qu'on vous a toujours dit, il ne sera pas synonyme d'enfermement éternel.

Par exemple, mon travail en tant que directrice administrative d'un centre hospitalier fut pour moi une source de joie et de satisfaction. Au bout de huit ans pourtant, je me suis sentie prête à relever de nouveaux défis. Comme je m'étais beaucoup investie dans cette aventure, je tenais à ce que tout se passe pour le mieux après mon départ. J'ai donc commencé à former moi-même la personne qui me succéderait. J'ai peu à peu délégué mon pouvoir, chaque jour un peu plus. J'ai introduit celui qui allait me remplacer au conseil d'administration. J'ai préparé chacun à mon départ. Comme vous pouvez le constater, même appelée vers d'autres horizons, je me suis impliquée à 100 % dans mon travail.

Dans le même temps, je m'étais engagée à atteindre de nouveaux objectifs professionnels. Durant mes heures de loisirs, je suivais des formations, j'écrivais, et je mettais en pratique mes propres théories de psychologie au sein d'un cabinet privé. En deux ans, j'ai construit les bases d'une part pour quitter le centre hospitalier dans les meilleures conditions, et d'autre part pour entamer ma nouvelle carrière. J'avais parfaitement mis au point mon « décollage » et mon « atterrissage ».

C'est exactement le même principe dans le cas d'une relation amoureuse. Bien malin celui qui peut dire à l'avance combien de temps durera une liaison sentimentale. Pourtant, jusqu'à ce que vous décidiez d'y mettre fin, vous devez vous engager à 100 % sans craindre l'enfermement. Si vous vous réveillez un beau jour avec le sentiment qu'il est temps de partir, vous saurez que vous aurez tout donné. Et si c'est l'autre qui vous quitte, vous saurez que vous aurez fait de votre mieux. Il n'y aura rien à regretter. Si votre vie fonctionne déjà selon la grille illustrée plus haut, vous aurez plus de facilité à surmonter cette épreuve, puisque vous avez d'autres sources d'épanouissement.

Votre contribution au monde

Le domaine de la contribution personnelle est l'un des compartiments de la grille qui nécessite quelques éclaircissements. Ce point est développé en profondeur dans un prochain chapitre. Pour le moment, retenez qu'elle va vous permettre de trouver réellement votre place dans le monde, que vous en tirerez vos plus grandes satisfactions et qu'elle vous donnera davantage d'estime de vous-même. Devenez conscient de pouvoir jouer un rôle d'acteur dans le monde. Vous n'êtes pas un spectateur impuissant. Vous avez des forces potentielles qui ne demandent qu'à être exploitées.

Soyons bien d'accord : en parlant de contribution au monde, je ne fais pas référence à Gandhi, Martin Luther King ou Albert Einstein ! Je vous suggère plus modestement de regarder autour de vous, de prendre conscience d'éventuels problèmes à résoudre, et d'apporter des remèdes appropriés. Cela peut concerner votre cadre familial, vos amis, votre ville, votre pays, voire la planète entière, qui sait…. Tout individu est capable d'apporter sa contribution au mieux-être de tous. Un simple changement dans votre comportement peut avoir des effets notables sur l'environnement dans lequel vous évoluez.

La marche à suivre

Vous avez maintenant compris le principe de la grille et admis l'importance de son rôle dans votre désir de dépasser vos angoisses liées à votre vie de couple, votre travail, vos enfants, etc. Vous êtes donc prêt à passer à la pratique quotidienne. Voici les différentes étapes du cheminement à suivre :

1. Soyez suffisamment lucide pour reconnaître que vous êtes probablement enfermé dans un cercle vicieux. Si vous vous penchez sur votre passé, vous remarquerez certainement qu'à chaque période dépressive de votre vie, associée à une perte ou un manque, vous avez toujours pris le même chemin pour essayer de remédier à votre malaise : vous avez tenté de recréer ce que vous avez perdu.

Prenons un exemple. Quelle est la première chose qu'on fait à la suite d'une déception amoureuse ? On « change simplement les cadres » et on passe à l'histoire d'amour suivante. Et quand on nous quitte une nouvelle fois, on retombe au plus bas, même si la relation en question a seulement duré trois semaines… Et ensuite, que fait-on ? C'est facile à deviner : on part à la recherche du grand, du beau, du seul et unique amour de notre vie, sans lequel on ne peut tout simplement pas vivre !

Si vous vous reconnaissez en lisant ces lignes, n'en faites pas un drame. Acceptez simplement que, à ce jour, vous n'aviez pas les armes nécessaires pour agir de façon plus saine. Reconnaissez seulement qu'il existe une autre voie, ce sera suffisant pour vous permettre de passer à l'étape suivante.

2. Établissez la grille de votre vie. Commencez par tracer un carré divisé en neuf compartiments, comme ci-contre :

MA VIE		

Réfléchissez bien à ce dont vous voudriez que votre vie soit faite, puis remplissez les cases en conséquence. Je crois beaucoup à l'importance d'une bonne concentration lors de ce genre de quête introspective. Pendant que vous remplissez votre grille, je vous recommande chaleureusement de mettre un peu de musique douce en fond sonore. Assurez-vous aussi de ne pas être dérangé et débranchez le téléphone.

3. Après avoir rempli votre grille, choisissez un compartiment et examinez-le attentivement. Puis, fermez les yeux. Imaginez quelle forme vous voudriez donner à cet aspect de votre vie. Qu'aimeriez-vous faire ? Comment allez-vous établir le contact avec votre entourage ? Que ressentirez-vous ? Souvenez-vous des deux paramètres clés : s'engager à 100 % et agir en faisant « comme si » c'était important. C'est ce que j'appelle le « duo magique », car ces deux notions apporteront réellement de la magie à votre vie.

4. Quand vous aurez clairement visualisé la situation, prenez une feuille de papier, et transcrivez les projections de votre esprit. Faites attention aux moindres détails, cela vous aidera à passer à l'étape 5.

5. Dressez la liste de toutes les choses à mettre en œuvre pour passer du rêve à la réalité. Là encore, prenez votre temps. Appliquez-vous.

Je ne le répéterai jamais assez : l'action est la clé du succès. Vous devez agir de telle sorte que votre vie réelle soit à la hauteur de vos projets. Vos actes jouent un rôle décisif.

Voyons de plus près le mécanisme. Si vous avez choisi l'aspect « épanouissement personnel », vous allez vous imaginer en train de suivre des cours et des stages, lire certains ouvrages et assister à des conférences. Dans votre projection, le « duo magique » vous garantit une concentration et une volonté inébranlables, ainsi qu'une participation active et permanente.

Dans le cadre d'un stage professionnel par exemple, vous imaginerez avec les autres participants, prenant part à tous les exercices, attendant la journée suivante avec impatience, et vous félicitant d'avoir choisi de suivre cette formation.

Par la suite, lorsque vous transposerez cette perspective dans la réalité, vous vous apercevrez que vos vieilles habitudes refont surface… C'est inévitable ! Ainsi, au beau milieu d'un cours, vous serez subitement envahi par le souvenir de celui ou de celle qui vous a quitté(e). Les premiers temps, vous serez terriblement perturbé par ces vagabondages de votre esprit : ils tendront à vous éloigner de votre engagement, et vous devrez rester vigilant pour ne pas vous laisser aller. Avec de la persévérance, vous finirez par pouvoir vous dire : « Que le diable l'emporte, je suis ici pour apprendre ! » Ensuite, vous parviendrez plus facilement à vous concentrer sur votre activité et à vous intéresser aux gens qui vous entourent. Vous devinez la suite ? Le sentiment d'inutilité s'évanouira peu à peu. Le gros problème des gens désemparés, c'est qu'ils sont incapables de s'intéresser au monde qui les entoure. Et ils osent encore se demander pourquoi ils crèvent de solitude !

Que dire dans le domaine des « amis » ? Comment voyez-vous les choses ? Imaginez que vous les invitez à dîner ou à passer une soirée, que vous leur écrivez des lettres, ou que vous les appelez pour leur dire tout simplement que vous pensez à eux. Au début, quand vous serez avec eux, vous n'aurez certainement de pensées que pour votre « cher amour perdu ». Ce sera le moment d'appeler le « duo magique » à la rescousse ! Commencez par vous concentrer sur l'engagement que vous avez choisi, celui d'être « l'ami idéal », et faites « comme si » votre présence auprès de vos amis était absolument indispensable. En envisageant les choses sous cet angle, vous vivrez des moments infiniment plus agréables et plus riches.

Quand j'étais plus jeune, mes amies et moi avions passé une sorte de pacte tacite : « On se voit à moins que " L'Homme de Ma Vie " ne m'appelle. » Bien qu'on en ait accepté le principe, avec le recul je trouve ce procédé insupportable (et d'autant plus stupide que j'ai toujours passé de très bons moments avec mes amies !). En mûrissant, j'ai cessé de me comporter de la sorte, ce qui a eu pour effet inattendu de bouleverser mes relations avec la gent masculine. Au lieu de penser que j'annulerais tout pour répondre à leur invitation, les hommes commencèrent à me téléphoner plusieurs jours, voire plusieurs semaines à l'avance, pour me donner rendez-vous.

Passons enfin à l'aspect « loisirs ». C'est un point qui interpelle beaucoup mes élèves, et qu'il faut travailler quotidiennement. La plupart de mes étudiants sont obsédés par la réussite. Ils sont désemparés à l'idée de se relaxer et de s'occuper un peu d'eux-mêmes. Cela ne pose pas trop de problème s'il s'agit de s'accorder des moments de détente avec son partenaire ou ses amis. Mais seul, vous imaginez quelle corvée et quelle angoisse ! Là encore, invoquons le « duo magique ». En vous engageant à 100 % dans vos loisirs et en faisant « comme si » votre bien-être passait avant tout, vous prendrez plaisir à vous consacrer du temps.

Pour m'aider, j'ai inventé le principe des « mini-vacances ». Je m'octroie au moins une heure par jour pour me relaxer. Je peux passer ce moment à lire des magazines, à faire un tour à la plage ou un peu de shopping. Cela m'aide beaucoup à garder l'esprit clair dans mon travail.

Mes meilleures idées me sont d'ailleurs souvent venues lors de mon heure quotidienne de vacances, quand j'avais l'esprit libre.

6. Repassez par les étapes 3, 4 et 5 pour chacun des compartiments de votre grille. Vous serez surpris de voir votre vie se métamorphoser : devenir riche, pleine, généreuse et ouverte. Gardez toujours à l'esprit que vous pouvez mettre en pratique tout ce que vous aurez inscrit dans votre grille, dans la mesure, bien sûr, où vous vous serez engagé à agir en conséquence.

7. Chaque jour, fixez-vous des objectifs correspondant à chaque compartiment de la grille. Si vous êtes déjà passé maître dans l'art de vous donner des objectifs quotidiens, vous remarquerez sans doute qu'ils ne concernent qu'un seul aspect de votre vie, généralement celui du travail. En plaçant ainsi des cibles à atteindre dans chacun des compartiments de votre grille, votre vie sera mieux équilibrée.

Quand vous toucherez au but, armez-vous du « duo magique » (engagement à 100 % et agir « comme si ») pour ne pas lâcher votre « proie » et atteindre un sentiment de plénitude.

Il est possible que vous ne soyez pas en mesure, chaque jour, d'atteindre tous les objectifs fixés dans la grille. Naturellement, à certaines périodes, un aspect de votre vie prendra le pas sur les autres. Par exemple, en vacances, vous pourrez tout oublier et vous concentrer seulement sur l'idée de vous reposer et de vous occuper de vous. Le « duo magique » veillera, dans ce cas, à ce que vous ne pensiez à rien d'autre. Dans le même ordre d'idées, un important projet professionnel peut monopoliser toute votre attention pendant quelque temps. L'essentiel est que la situation ne perdure pas trop longtemps et de maintenir un équilibre global.

Comment se motiver ?

Si vous ne prenez pas votre temps, et si vous ne faites pas l'effort de suivre ces différentes étapes, vous réduirez considérablement vos chances d'améliorer votre condition. Votre vie ne vaut-elle pas ce petit investissement en temps et en énergie ? J'ai récemment acheté un logiciel de traitement de texte, et il m'a fallu une bonne semaine avant d'en maîtriser le fonctionnement. C'est un peu la même chose dans votre cas. Prenez le temps qu'il faut pour installer les bases nouvelles de votre vie : toute votre existence durant, elles vous soutiendront dans la voie de l'épanouissement et de l'équilibre. L'une de mes élèves m'a tenu un jour ce raisonnement à la fois juste, simple, et très efficace : « Si on continue toujours à faire ce qu'on a toujours fait, on obtient toujours ce qu'on a toujours obtenu. »

Si vous éprouvez des difficultés à vous motiver, ne vous découragez pas. Essayez de rejoindre un groupe de soutien qui fera office de catalyseur. Si vous n'en trouvez pas, choisissez-vous un « compagnon de route », j'entends par là une personne de votre entourage qui traverse les mêmes difficultés que vous. Vous pourrez vous entraider en vous rencontrant chaque semaine et en travaillant ensemble votre grille, vos objectifs, votre plan d'action, ou toute autre chose. En vous engageant à faire certains exercices avant votre petite réunion hebdomadaire, vous stimulerez votre potentiel d'action. L'essentiel est de prendre votre engagement au sérieux et d'agir de façon responsable, en tâchant d'atteindre les objectifs que vous vous êtes fixés.

Posez-vous régulièrement cette question : « Comment ai-je rempli ma vie ? » Continuez à enrichir votre existence de telle sorte qu'il soit impossible de vous faire perdre votre sentiment de plénitude et d'équilibre. D'ores et déjà, vous pourrez mesurer la distance que vous avez mise entre vous et la peur…

CHAPITRE 9
DITES « OUI » !

La domestication de votre peur peut se résumer à ces seuls mots : dites oui à l'univers ! Je les ai entendus de la bouche d'une de mes professeurs, qui les avait adressés à un élève se plaignant de la vie. Je lui demandai d'expliquer ce qu'elle entendait par cette phrase, et elle me répondit : « C'est simple. Quelles que soient les circonstances, faites oui de la tête, acquiescez, au lieu de faire un signe de refus. Dites oui, au lieu de dire non. » Depuis, j'ai toujours suivi ce conseil : à chaque fois, la magie a opéré.

L'« univers »

Le terme « univers » fait référence au cours que semble prendre notre vie, malgré nous, malgré toutes les idées que nous avions en tête. C'est une force qui agit mystérieusement et interfère souvent avec nos propres projets. Il fait référence à un certain courant, un flux qui dirige notre vie et celle des autres, et sur lequel on a très peu de contrôle, voire aucun. Ainsi, quand on a décidé de s'engager dans une certaine direction, un événement imprévu vient souvent tout bouleverser. Ces coups de théâtre ou la simple perspective d'un imprévu ou d'un quelconque impondérable déclenchent tout un cortège d'angoisses. C'est presque inévitable. On imagine alors volontiers le pire. C'est là qu'il faut intervenir et dire « oui ».

Dire « oui », l'antidote de la peur

Dire « oui », c'est accepter ce que la vie nous offre. Dire « oui », c'est ne pas chercher à offrir la moindre résistance aux événements et c'est accepter les nouvelles orientations du cours des choses. Dire « oui », enfin, c'est prendre son temps, se décontracter et étudier calmement la situation, en réduisant ainsi son éventuelle anxiété. En acquiesçant, sans parler du bénéfice d'ordre émotionnel, vous en tirerez des avantages physiques non négligeables. Vous serez mieux avec vous-même, et votre corps vous en saura gré.

Inversement, dire « non », c'est se poser comme victime : « Cela n'arrive qu'à moi ! » Dire « non », c'est se bloquer, lutter et tourner le dos aux opportunités qui se présentent. Dire « non » engendre nécessairement des tensions. La dénégation entraîne épuisement, gaspillage d'énergie, bouleversements émotionnels, ou pire encore, apathie. « Je ne pourrai jamais m'en sortir. Je ne peux plus continuer. Il n'y a aucune issue. » Pourtant, il existe bien un espoir, mais un seul : celui de parvenir à dire « oui ».

Dire « oui » n'est pas seulement le meilleur antidote à nos petites déceptions quotidiennes, nos défaites, nos occasions manquées ou nos menus déboires (une grippe, une fuite d'eau, un embouteillage, un pneu crevé, un rendez-vous raté, etc.). C'est surtout un remède miracle contre nos peurs les plus profondes et les plus irrationnelles.

Je vais vous parler de Manu, incarnation vivante du pouvoir de dire « oui ». Manu a grandi dans ce que l'on appelle une banlieue difficile. C'est un « dur-à-cuire » à la carrure d'athlète, c'est dire qu'il avait tout pour être à l'aise dans un tel environnement. Un jour, lors d'une bagarre entre deux bandes rivales, il fut grièvement blessé à la colonne vertébrale, et perdit définitivement l'usage de ses jambes.

Quand j'ai fait sa connaissance, il venait de terminer un séjour dans un centre de rééducation et cherchait du travail dans le centre hospitalier où j'étais directrice administrative. Il voulait enseigner aux jeunes les dures réalités de la vie. Il avait envie de leur donner les moyens d'éviter les ennuis qu'il avait connus lui-même. Il intégra l'équipe et devint un modèle pour tout le monde.

Un jour, je suis entrée subrepticement dans une salle. Manu était assis au milieu d'un groupe de jeunes. Les questions fusaient de toutes parts, ces questions qui brûlent les lèvres des enfants face à une personne handicapée. « Qu'est-ce que cela fait de ne pas pouvoir marcher ? » « Qu'est-ce qu'on doit dire à un handicapé ? » « Comment tu fais pour te laver ? » Manu prenait le temps de répondre à chacun. À un moment, il leur demanda quelle était, à leur avis, la chose dont un handicapé avait le plus besoin. Un petit garçon lança tout à trac : « Des copains ! » « Exact ! », répondit Manu, et tous bondirent spontanément pour lui sauter au cou, en criant : « On va tous être tes copains ! » Je ne sais pas qui, de Manu, des enfants ou de moi, avait le plus appris ce jour-là !

À une autre occasion, nous avions organisé une soirée pour accueillir un nouveau groupe de personnes âgées. Malgré la présence d'un petit orchestre de trois musiciens dont nous avions loué les services, les nouveaux venus hésitaient à se risquer sur la piste. Tout à coup, Manu poussa son fauteuil roulant au milieu de la pièce et commença à « danser » au rythme de la musique. « Allez, tout le monde ! Si je peux avancer jusqu'ici et danser, alors vous le pouvez aussi ! » En quelques minutes, il avait réussi à faire bouger, rire et chanter tous les participants. Sa vitalité était contagieuse : les gens qui ne se connaissaient pas se liaient d'amitié. Jamais il n'a manqué une occasion de montrer aux autres qu'en adoptant une attitude positive, il est possible de tirer parti de tout ce que la vie nous réserve.

Manu et moi avons souvent parlé. Un jour, il m'a confié qu'immédiatement après son accident, il avait perdu tout espoir et toute volonté. Il m'a expliqué : « Ce n'était pas facile pour le macho que j'étais de perdre l'usage de ses jambes, le contrôle de sa vessie et de son intestin. » On l'avait dirigé vers l'un des meilleurs services de rééducation de l'hôpital, mais il refusait toute aide. Les médecins étaient sur le point de l'envoyer dans un centre spécialisé, où il serait pris en charge à 100 %. Pour lui, ç'a été le déclic : s'il intégrait ce type de structure, il n'avait plus aucune chance de s'en sortir. Le moment était venu de dire « oui » ou de dire « non » à l'univers. Aujourd'hui, il remercie le ciel d'avoir finalement réussi à dire « oui ».

Une fois déterminé, Manu a progressé de manière remarquable. Les portes s'ouvraient devant lui. Il a pris la décision de donner un sens à sa vie : aider les autres dans leur combat, quelle que soit la nature de leur lutte. Il voulait devenir un exemple, et pouvoir dire à qui voulait l'entendre : « Si j'ai pu m'en sortir, alors vous le pouvez aussi. » Manu m'a avoué aussi que, aussi étrange que cela paraisse, il était reconnaissant d'avoir cette infirmité. Elle lui avait ouvert les yeux. Elle lui avait fait comprendre qu'il était capable d'apporter sa contribution au monde.

Avant son accident, Manu ne savait pas que sa vie pouvait avoir un sens. Aujourd'hui, il est convaincu d'être paradoxalement moins handicapé qu'avant : il sait désormais apprécier la vie, chose qu'il ignorait complètement.

Dire « oui » aussi à la souffrance

Je parlais de la notion d'acceptation des événements lorsqu'un élève me posa cette question intéressante : « Si on dit toujours oui à l'univers, peut-on se considérer comme étant à l'abri de toute souffrance ? » Après avoir réfléchi un moment, je lui ai répondu par la négative. En effet, il est impossible d'éviter la souffrance, mais on peut l'accepter si elle doit faire partie de sa vie. Dans ce cas, on ne se met pas en situation de victime. Il faut se convaincre que l'on est capable de gérer sa souffrance. Et ne jamais croire que la situation est désespérée, c'est-à-dire garder espoir. Et mon élève m'a dit : « J'ai compris ! Vous voulez dire que l'on échange la souffrance du non contre la souffrance du oui. » C'était exactement ce que je voulais expliquer.

La classe s'est mise à travailler sur cette question. Certains élèves ont trouvé, en fouillant dans leur passé, des moments de leur vie où ils avaient accepté la souffrance sans même en être conscients. La semaine précédente, Nadine se souvenait d'avoir pensé à sa mère décédée peu de temps auparavant. Elle avait alors été subitement écrasée de douleur. Sa mère lui manquait. Elle s'était mise à pleurer, en pensant avec nostalgie à tous les bons moments passés auprès d'elle. Tout en versant de chaudes larmes, Nadine sentait un irrépressible besoin de répéter le même mot : « Merci ! »

Malgré sa peine, Nadine comprenait que la vie nous réserve sa part de deuils. C'est dans l'ordre des choses. Elle vivait la disparition de sa mère non comme une catastrophe (en disant « non »), mais en s'attachant au doux souvenir de sa maman qu'elle avait tant aimée (en disant « oui »). Elle considérait la mort comme faisant partie intégrante de la vie, au lieu de l'envisager comme une privation insupportable et injuste.

Une autre élève, Béatrice, se souvenait de la souffrance mêlée de tendresse qu'elle avait éprouvée en embrassant son fils le jour où il avait dû quitter la maison pour entamer ses études. Les yeux pleins de larmes, elle l'avait vu s'éloigner, sachant qu'il ne reviendrait plus que de temps en temps. L'heure était venue de le laisser partir. Béatrice pensait : « Oui, c'est la vie… La roue tourne. Rien n'est éternel. » Elle s'était laissée aller à pleurer un moment, puis elle s'était reprise rapidement et avait décidé de préparer un dîner aux chandelles. Après tout, elle et son mari allaient se retrouver seule à seul pour la première fois depuis des années. Elle avait envie de célébrer l'événement comme si c'était une seconde lune de miel…

Comparons maintenant Béatrice avec une mère qui redoute le départ de ses enfants. Quand arrive le moment fatidique, cette dernière ne voit plus qu'une maison vide : toute la vacuité de sa propre existence lui saute aux yeux. En résistant à des changements pourtant inéluctables et prévisibles, elle néglige les perspectives nouvelles qui s'ouvrent devant elle, comme celle qui consisterait à se rapprocher de son mari. L'histoire de Béatrice est une magnifique démonstration de la façon dont on peut transformer la peine de voir s'achever une période heureuse. Il y a quelque chose d'enrichissant dans le fait de terminer une belle histoire en se disant qu'elle va ouvrir une nouvelle ère. On vit alors sa souffrance comme une sorte de « renaissance ».

À son tour, Solange évoqua la douleur qu'elle avait éprouvée à la suite du décès de son mari. Bien sûr, elle regrettait encore sa présence, sa tendresse, et toutes les belles années vécues ensemble. Cependant, elle avait aussi conscience d'être devenue indépendante, ce qu'elle n'était pas vraiment du vivant de son mari. Apprenant petit à petit à prendre des risques, un rôle qu'elle n'avait jamais joué auparavant, son estime de soi s'en était trouvée renforcée. Elle avait été capable de dire « oui » à la vie, et de se construire une nouvelle existence, à la fois riche et positive.

Solange avait été forte, mais elle aurait aussi bien pu réagir comme l'un de mes amis. Après la mort de sa femme, celui-ci refusa avec obstination de relever la tête. Cinq ans plus tard, il en est toujours à sangloter au téléphone : « Pourquoi est-elle partie ? » Il a définitivement dit non à l'univers. Il ne voit malheureusement pas que la terre continue de tourner malgré tout, et qu'elle pourrait lui apporter des « lots de consolation ». Il a décidé de tourner le dos au réconfort qu'il aurait pu tirer de son veuvage. J'entends par là toutes les opportunités de rencontrer d'autres personnes, de vivre de nouvelles expériences, et plus généralement de reconstruire sa vie. La souffrance l'a empêché de maîtriser le cours de son existence, qui restait à écrire. En disant non, il subit l'angoisse de la page blanche…

Refuser la souffrance est destructeur

Il est vital d'accepter la souffrance. La refuser, c'est s'autodétruire.

Il y a une douzaine d'années, Delphine a perdu son fils dans un accident de voiture, mais elle n'a jamais pris véritablement conscience de l'impact de cette perte. Ses amis trouvaient qu'elle avait plutôt bien surmonté ce terrible drame. Trois ans plus tard, elle a commencé à souffrir d'épilepsie, maladie vraisemblablement en relation avec l'événement passé. Pendant neuf ans, les crises se sont succédé, lui interdisant toute vie professionnelle. En outre, ses relations avec son mari et ses autres enfants se sont détériorées inexorablement.

Un jour, Delphine a fini par rejoindre un groupe de réflexion pour tenter de remédier à sa situation. Lors de la première séance, l'animateur du groupe lui demanda si elle avait éprouvé une grande perte dans sa vie. Elle répondit par l'affirmative, mais ajouta : « C'est tellement loin maintenant, cette disparition appartient au passé. » L'animateur entreprit alors, avec beaucoup de douceur et de tact, de ramener Delphine une douzaine d'années en arrière, au moment du décès de son fils. C'est à ce moment-là qu'elle a finalement laissé éclater son chagrin.

À chaque nouvelle réunion du groupe, Delphine poursuivait l'exploration de cette souffrance qu'elle avait étouffée tant d'années durant. Miraculeusement, ses crises d'épilepsie se sont espacées et ont disparu au bout de cinq semaines. Elle a arrêté son traitement médical. Elle a retrouvé un emploi et restauré peu à peu les relations familiales mises à mal par sa maladie.

La souffrance peut avoir un énorme pouvoir destructeur quand elle est non dite et non acceptée. Elle accomplit alors un travail de sape long et insidieux. L'histoire de Delphine connaît une issue heureuse, mais ceux dont la douleur rentrée a lentement rongé la vie se dénombrent par centaines. Nous avons tous connu des gens qui voulaient ignorer la souffrance, ou qui cherchaient à tout prix à maîtriser leurs émotions. En refusant de reconnaître leur douleur, ils la somatisaient, c'est-à-dire qu'elle se traduisait par une maladie ou qu'elle prenait la forme d'un sentiment violent et destructeur, comme la colère. Dire « oui », c'est assumer la souffrance de toutes ses forces, en sachant qu'on réussira à la surmonter et à la dépasser.

La discussion au sein de la classe, en se poursuivant, a débouché sur ce constat intéressant : plus sa vie est bien remplie, plus on s'expose à la souffrance. Quand on a beaucoup d'amis, on court évidemment plus de risques d'être confronté à l'épreuve d'une séparation ou de la disparition d'un proche. Plus on prend de risques, plus grande est la probabilité d'essuyer une défaite ou un rejet... Mais ceux qui ont une existence pleine et riche ne se laisseront pas désarçonner par ce genre de mésaventure. Ils aiment trop la vie et toutes les opportunités qu'elle offre – le meilleur comme le pire. Par conséquent, ils ont intuitivement le pouvoir de « dire oui » à l'univers. Ceux qui disent non ont pour habitude de reculer devant la vie. Ils s'abritent derrière des paravents pour courir le moins de risques. L'ironie de la chose, c'est qu'ils finissent précisément par être victimes de leurs propres peurs.

C'est dans le livre de Viktor E. Frankl, *Découvrir un sens à sa vie*, que j'ai trouvé l'exemple le plus émouvant et le plus frappant du pouvoir de dire « oui ». C'est une amie qui me l'a offert, convaincue qu'il m'intéresserait beaucoup.

J'ai été très troublée d'apprendre que cet ouvrage évoquait le séjour de Frankl dans un camp de concentration, sujet que j'avais toujours prudemment évité, le trouvant insoutenable. J'avais été traumatisée par *Nuit et brouillard*, le film d'Alain Resnais, et je considérais la vie dans un camp de concentration comme l'expérience la plus terrible qu'un être humain puisse connaître, tant mentalement que physiquement. Je n'avais vraiment pas envie de lire ce livre. J'étais sur le point de le ranger dans ma bibliothèque, quand les paroles de mon amie me revinrent en mémoire : « Il faut absolument que tu le lises. » Cela m'intriguait. Elle savait quelque chose que j'ignorais, et je décidai finalement de découvrir de quoi il était question.

J'avançais péniblement dans ma lecture, subissant page après page la description des atrocités nazies. Je ne pouvais retenir mes larmes. Mais je persévérais, sentant malgré moi poindre une sorte de soulagement. Frankl et ses compagnons n'ont pas seulement su affronter la vie dans un camp de concentration. Ils ont vraiment, selon la définition donnée plus haut, dit oui à leur univers ! Ils ont été capables de tirer une expérience positive de ce que la vie leur imposait. Ils ont su trouver un sens à leur vie et porter sur le monde un regard qui les a aidés à supporter leur calvaire. Ainsi, Frankl écrivait :

« Avoir vécu dans un camp révèle le choix d'actions dont un homme dispose. Il y eut suffisamment d'exemples, la plupart du temps de nature héroïque, qui prouvaient qu'on pouvait dépasser le sentiment d'apathie et étouffer notre agressivité. L'homme peut préserver un vestige de liberté spirituelle, d'indépendance d'esprit, même dans des conditions aussi extrêmes de stress psychique et physique. Ayant vécu dans un camp, nous pouvons témoigner avoir vu des hommes réconforter les uns, ou donner leur dernier croûton de pain aux autres. Ils n'étaient pas très nombreux, mais ils apportèrent la preuve suffisante qu'on peut déposséder un homme de tout, sauf d'une chose : la dernière des libertés humaines – choisir l'attitude qui sera la sienne, choisir le regard qui sera le sien, quelles que soient les circonstances. La façon dont un individu accepte son destin et toutes les souffrances qui en découlent, la façon dont il choisit de porter sa croix, tout cela lui offre l'immense opportunité de donner un sens profond à sa vie, même dans les situations les plus difficiles. »

En refermant le livre, je n'étais plus la même. J'avais pris la décision de ne plus jamais ressentir la peur avec la même intensité qu'auparavant. Frankl avait été capable de tirer quelque chose de positif d'une expérience qui représentait pour moi ce qu'on pouvait imaginer de pire. Je pouvais donc réussir à valoriser toutes les situations nécessairement bien moins cruelles que la vie m'imposerait. Il suffirait de rester consciente du fait que j'ai le choix.

Bien entendu, Frankl aurait préféré ne jamais vivre cette expérience terrible, mais c'est la vie qui lui imposa d'être prisonnier dans un camp de concentration. Ce fut alors à lui de décider comment réagir à cette situation. S'il est souvent impossible d'exercer le moindre contrôle sur le monde, je tiens, à travers cet exemple extrême, à vous convaincre qu'il vous reste la possibilité de contrôler vos réactions. Vous devez à présent commencer à entrevoir toute la force contenue dans la phrase « Dites oui à votre univers ». Elle possède le pouvoir de diminuer vos angoisses, mais aussi de donner un sens à votre vie.

Dire « oui », ce n'est pas renoncer

Dans une autre classe, l'un de mes élèves soutenait que, si on acquiesce à tout, c'est donc qu'on accepte tout. Et si on consent à tout, alors on ne peut interférer sur le cours des événements. Je lui ai expliqué que le fait de dire « oui » est déjà en soi une action positive, alors que dire « non », c'est renoncer. C'est seulement en étant conscient des possibilités de changement qu'on peut agir dans le bon sens. Vous avez parfaitement le droit de dire « non » à une situation telle qu'elle se présente, tout en acceptant la chance d'évoluer qu'elle vous offre. Si vous estimez qu'une situation est sans espoir, vous baissez les bras et acceptez de vous laisser détruire.

À un autre niveau, si vous jugez que la lutte contre la faim dans le monde est sans espoir, vous ne vous impliquerez dans aucun mouvement de lutte contre ce fléau qui frappe cruellement le tiers monde. Si vous admettez que la situation n'est pas désespérée, vous penserez à toutes les solutions qui peuvent faire baisser la mortalité infantile, à l'instar des membres d'associations humanitaires. Les personnes agissant au sein des O.N.G. ne connaissent pas la peur : elles ont dit oui aux opportunités inhérentes à la situation.

Misez sur la force

Dire « oui », c'est avancer et agir avec l'intime conviction que tout événement de votre vie peut avoir un sens et un but.

En clair, c'est faire face à l'adversité d'une manière saine et constructive, en rassemblant toutes vos ressources pour y parvenir. C'est donc miser sur la force que vous avez en vous au lieu de vous laisser aller à la facilité de la faiblesse. Bien sûr, une telle approche suppose une souplesse d'esprit, laquelle sera indispensable pour étudier toutes les possibilités et choisir celle qui fera évoluer les choses de façon positive. En tout cas, c'est refuser de se laisser anéantir. C'est rester « droit dans ses bottes » et debout devant ses choix. Ne mettez jamais un genou en terre, ce serait le début de la fin !

Vous me direz : « Dire oui à son univers, j'entends bien, mais comment donner une forme concrète à cette bonne résolution ? » « C'est bien beau, tout cela, mais la vie est tellement cruelle, et les héros ne se rencontrent que dans les romans ! » C'est vrai, on a tous le réflexe de se plaindre de son sort, de dire « non » d'emblée. D'ailleurs, comment rester stoïque quand on sait qu'on va devenir infirme à vie ? Comment faire face à la maladie incurable de son enfant ? Comment parvenir à vivre positivement la perte de son emploi, ou pire encore, celle d'un être cher ?

D'autres ont réussi, pourquoi pas vous ?

D'autres que vous ont vécu la privation de leur liberté, la peur de mourir, l'humiliation, le déni d'eux-mêmes, parfois des années durant. Pourtant, ils n'ont pas baissé les bras. Mieux, ils ont gagné contre l'adversité !

Ce sont des héros, me direz-vous, mais leur héroïsme tient surtout au fait qu'ils ont réussi, envers et contre tout, à garder un esprit positif. Ils ont réussi à dire « oui », en dépit de l'adversité, et c'est peut-être leur plus belle victoire.

Plus modestement, on est tous vainqueurs quand on parvient à accepter les choses. Ce n'est pas facile au quotidien, j'en conviens, mais en suivant certaines étapes, vous pouvez y arriver.

Le chemin pour dire « oui »

1. L'important, c'est de prendre conscience des moments où vous avez dit non à l'univers. Entourez-vous de post-it qui vous ramènent dans le bon chemin. Mettez-en sur votre bureau, sur votre table de chevet, dans votre agenda, et partout ailleurs où ils se rappelleront à votre esprit. Quant à moi, j'aime bien écrire un peu partout : « Dis oui au monde qui t'entoure » ou encore « Tout événement est une bonne chose, assume et va de l'avant ». Ma fille m'a fait cadeau d'une belle affiche montrant des citrons avec diverses utilisations possibles de ce fruit (limonade, confiture, etc.). On pouvait y lire : « Si la vie t'offre des citrons, fais de la limonade ! » Vous pouvez inventer vos propres citations, c'est à vous de voir. L'idée est de rester vigilant, créatif et positif. Bref, de rester en vie, de garder les yeux grands ouverts et de rester inventif.

2. Vous êtes conscient d'être seul maître à bord ? C'est un bon début, mais vous devrez, au préalable, prendre la peine d'acquiescer de la tête et de dire « oui », distinctement. En affirmant physiquement une idée, vous vous donnez plus de conviction. Essayez d'acquiescer à cet instant même. Notez que ce geste vous apporte en lui-même une sensation positive. Il vous donne le sentiment que tout ira bien, parce que vous allez faire en sorte que tout aille bien.

3. Selon le même principe, détendez complètement votre corps. Commencez par le visage, relaxez tous vos muscles et parcourez l'ensemble de votre corps jusqu'à atteindre vos orteils. Concentrez-vous sur les endroits où vous ressentez la tension la plus vive, et faites en sorte qu'elle s'évanouisse. Le corps peut jouer un rôle essentiel dans la mise en œuvre de méthodes positives. J'y reviendrai plus tard.

4. Étudiez les possibilités susceptibles de rendre toute

expérience bénéfique. Posez-vous les questions suivantes :
« Que puis-je tirer de cette expérience ? Comment puis-je
transformer cette situation en avantage dont je tirerai profit ? Comment utiliser ce résultat pour devenir meilleur ?
En envisageant tout simplement une issue prometteuse,
vous vous donnez la certitude que l'événement sera positif.
N'est-ce pas en soi formidable ? Ensuite, comme vous
l'avez vu au chapitre 7, oubliez vos projections mentales et
vos prévisions de toutes sortes. Restez dans le réel pour ne
pas passer à côté des possibilités qui avaient échappé à votre
imagination.

5. Soyez patient ! Ne dites pas « non » à votre difficulté
à dire « oui ».

C'est là un exercice qui paraît simple à première vue…
Dans la pratique, c'est une autre affaire, car cela exige beaucoup de persévérance. Quand une déconvenue survient,
votre première réaction est une frustration, plus ou moins
grande. Reconnaissez-le. C'est seulement quand on en a
assez de son état dépressif permanent qu'on parvient finalement à reprendre le dessus, et à essayer de s'en sortir. Dire
« oui », c'est donc gagner un temps précieux pour faire en
sorte que notre vie devienne plus agréable.

Voici un « truc » pour vous aider. Commencez à l'utiliser pour des petits événements futiles de votre quotidien.
Même s'ils n'ont rien à voir avec le sentiment de peur, ils
constitueront autant d'excellents exercices. Par exemple,
quand vous êtes en voiture, coincé en plein embouteillage,
rageant et pestant comme il se doit, un petit message sur
votre tableau de bord où l'on peut lire « dis oui à ton univers » vous sera d'un grand secours. Il vous rappellera qu'en
vous énervant, vous êtes en train de dire « non ». Désormais conscient de votre nervosité stérile, vous pourrez vous
détendre et commencer à tirer parti de la situation. Par
exemple en mettant à profit ce temps « perdu » pour faire
une foule de choses : apprendre une langue étrangère en
mettant une cassette dans votre autoradio, écouter vos messages d'autosuggestion, etc. Rien ne vous empêche non

plus de vous reposer et de reconnaître avec plaisir que, pare-chocs contre pare-chocs, vous êtes dans une petite bulle où personne ne vous demande rien. Pourquoi ne pas essayer ? Il suffit de vous laisser aller sur votre siège et de profiter de l'expérience !

Si vous êtes stressé à l'idée que vous allez être en retard et faire attendre quelqu'un, dites-vous que vous n'y pouvez rien. Par conséquent, profitez de la situation au maximum et pensez que c'est une occasion d'apprendre et d'avoir du temps à vous. Je parie que vous finirez par apprécier un jour les encombrements !

Vous êtes la personne qui attend un retardataire ? Arrêtez de faire les cent pas et de marmonner : « Il est encore en retard ! » Détendez-vous et dites oui au fait que vous avez le loisir de regarder les gens aller et venir, ou de réfléchir au programme de votre journée. Personnellement, j'adore attendre. Cela me donne une excellente excuse pour ne rien faire sans éprouver la moindre culpabilité !

La vie offre de multiples occasions de pratiquer l'exercice de dire « oui » à l'univers. Votre bébé renverse son biberon sur le tapis du salon ? Votre secrétaire égare la lettre que vous venez de lui dicter ? Le teinturier abîme le tailleur tout neuf que vous lui avez donné à nettoyer ? Dois-je continuer ? Chaque fois que vous sentirez la moutarde vous monter au nez, chaque fois que vous commencerez à maudire le monde entier pour telle ou telle raison, rappelez-vous cette phrase : « Dis oui à ton univers. » Votre existence deviendra vraiment de plus en plus agréable. Vos relations avec le monde s'en trouveront transfigurées.

Quand vous aurez maîtrisé cet exercice pour les petits déboires quotidiens, vous serez capable de l'appliquer face à des situations ou des problèmes plus graves. Vous remarquerez que vos angoisses laisseront progressivement la place à une confiance en vous de plus en plus grande. Bientôt, vous aurez la certitude de pouvoir tout affronter. En entrevoyant le possible dans l'impossible, vous commencerez à trouver que le monde ne fonctionne pas si mal, tout compte fait, et même qu'il tourne bien rond. À condition de garder l'esprit constamment ouvert, vous apercevrez les tenants et les aboutissants de toute chose.

Vous n'éprouverez plus la peur, sauf dans les moments où vous aurez dit non, quand vous vous serez braqué face à une situation. Vous avez déjà entendu l'expression « suivre le mouvement ». Elle signifie accepter de manière consciente et réfléchie les aléas de la vie. Un jour, j'ai entendu dire que la clé de tout n'était pas de chercher à exploiter le mouvement, mais, au contraire, de tenter de le suivre. Je terminerai mon propos par une métaphore que j'aime beaucoup, celle de la rivière, qui continue de couler sans qu'on lui demande rien : « Avancez et laissez la rivière vous porter vers des horizons nouveaux en envisageant votre vie autrement. » Avec cette manière de voir – et seulement de cette façon –, il vous est impossible de perdre.

Les étapes pour dire « oui »

1. Être conscient du choix de pouvoir dire « oui » ou de pouvoir dire « non ».

2. Dire « oui ».

3. Se détendre le corps et l'esprit.

4. Se demander quelles expériences positives il est possible de tirer d'une situation.

5. Être patient et indulgent envers soi-même.

Enfin, n'oubliez pas ces deux choses :
– dire « oui » à la vie prend du temps ;
– il est indispensable de commencer par se dire « oui » à soi-même.

CHAPITRE 10
DONNEZ !

D'après vous, êtes-vous quelqu'un de généreux ? Réfléchissez à cette grave question, car elle mérite réflexion. J'ai interrogé mes élèves un jour sur ce sujet important. La plupart d'entre eux étant mariés, ils ont tous acquiescé, répondant par un « oui » franc et sans détour. Je leur ai alors demandé de dire, quand ils rentreraient chez eux, merci à leur conjoint… Cette petite consigne, en apparence anodine, en a déstabilisé plus d'un. Il y avait visiblement une certaine gêne dans la classe. On aurait cru que je leur avais demandé de rentrer chez eux et d'aller se pendre ! Finalement, la petite voix de Marguerite – trente-deux ans de mariage – s'est élevée : « Pourquoi devrais-je dire merci à mon mari ? Il devrait au contraire s'estimer heureux que je sois là ! »

Dites merci !

« Marguerite, pourquoi êtes-vous avec votre mari ? », lui ai-je demandé. Sa réponse fut évasive et pour le moins embrouillée : « Sans moi, il serait dans de beaux draps… De toute façon, ce serait trop compliqué de partir. » J'ai répété ma question. Après plusieurs tentatives de ma part et les efforts conjugués des autres élèves pour la pousser à aller plus loin dans son raisonnement, Marguerite a fini par avouer la vérité. Son mari offrait des avantages inestimables : il représentait une épaule consolatrice, une certaine sécurité financière, et il lui donnait le sentiment de ne pas être seule au monde. Je lui ai répondu : « Bien, dans ce cas, rentrez chez vous et remerciez-le pour tout cela. »

À la séance suivante, la consternation se lisait sur le visage de certains de mes élèves. Ils étaient très étonnés de constater à quel point il leur était difficile de reconnaître ce qu'ils devaient à leur conjoint. Certains avaient accompli la consigne, non sans réticence ; d'autres en avaient été tout bonnement incapables. Quelques-uns expliquèrent qu'ils avaient essayé de remercier leurs enfants ou leurs parents, mais cela leur avait aussi semblé au-dessus de leurs forces. Pour la première fois, ils se posaient la question « suis-je généreux ? » en toute conscience.

Attention, cela ne voulait pas dire qu'ils ne contribuaient pas aux diverses tâches de la vie quotidienne. Ils s'occupaient de leurs enfants, passaient l'aspirateur, faisaient la vaisselle et partageaient les corvées ménagères. Mais était-ce vraiment de la générosité ? Savaient-ils réellement ce que donner veut dire ? Ou se livraient-ils plutôt à une sorte de troc : « Tu fais cela pour moi », contre un : « Je ferai telle chose pour toi » ?

Inutile de le souligner, mes élèves étaient atterrés. L'exercice tout bête que je leur avais demandé de faire leur avait ouvert les yeux sur un aspect d'eux-mêmes qu'ils se refusaient à voir jusque-là. Comme je les sentais tellement consternés par cette découverte, je les ai rassurés, en leur disant que la grande majorité d'entre nous ignore la signification profonde du mot « donner ». Sans le savoir, sans doute contaminés par la société marchande dans laquelle nous vivons, nous fonctionnons selon le principe du donnant-donnant. Parmi mes élèves, rares sont ceux qui ont pu affirmer avoir déjà donné quelque chose sans secrètement espérer autre chose en retour : argent, gratitude, amour ou autre chose.

Pour vous sentir mieux, soyez altruiste

Vous pourriez me demander : « Qu'y a-t-il de mal à recevoir en retour ? » « Rien », vous répondrais-je. Cependant, si vous « donnez » dans l'espoir de « recevoir », vous vous exposez à vivre dans la peur. En effet, quand on espère un quelconque retour, la question qui suit inévitablement est la suivante : « Est-ce que je reçois suffisamment ? » Ce type de raisonnement engendre, c'est inévitable, un irrésistible besoin de contrôler son entourage. On a peur d'être floué. On perd sa sérénité d'esprit. Déçu, on se met en colère et on est amer. En résumé, c'est ce qui passe lorsque la principale motivation de « donner » est de « recevoir » en échange. La véritable générosité n'est pas seulement pur altruisme. Comme j'espère vous l'avoir fait comprendre, elle est aussi la garantie de votre mieux-être.

Mais pourquoi nous est-il si difficile de donner ? D'une part, pour donner, il faut être adulte, et nous sommes restés, pour la plupart d'entre nous, de grands enfants. D'autre part, donner nécessite un véritable apprentissage, et rares sont ceux qui maîtrisent la chose. Ces deux aspects sont intimement liés. Ils requièrent beaucoup de pratique pour aboutir à un résultat satisfaisant. Pourquoi cet apprentissage ne se fait-il pas plus naturellement, me demanderez-vous ? C'est très simple : il ne nous vient jamais à l'esprit que nous n'agissons pas en adultes, ou que nous ne savons pas donner. On se méprend sans le vouloir. Et c'est tout à fait compréhensible. On a l'air d'être adulte et on donne toutes les apparences de quelqu'un de généreux. Mais nos indicibles sentiments souterrains, c'est-à-dire l'espoir plus ou moins conscient de recevoir en échange, viennent contredire les apparences.

Savoir donner

Apprendre à donner est l'un des plus grands apprentissages de la vie, et cette leçon est une réponse en soi à la peur. Même si la comparaison vous semble un peu osée, nous sommes un peu comme des nourrissons : nous entrons dans le monde avec avidité. Nous dévorons, et notre survie dépend de l'extérieur qui nous alimente. En retour, nous donnons peu. Lorsque bébé a faim, il se moque pas mal de savoir si c'est une heure décente pour sortir ses parents du lit, s'il est vraiment convenable de brailler aussi fort et de déranger les voisins. Il exige d'être l'objet de toutes les attentions.

Bien sûr, les parents ont souvent la joie de se voir gratifiés en retour d'un sourire ou d'une caresse de leur cher bambin. En ce sens, c'est vrai, bébé « donne ». Mais permettez-moi de douter que votre chère progéniture passe la nuit entière à réfléchir sur sa condition d'être comblé. Jamais il ne se réveillera en sursaut en pensant : « La gratitude m'étreint. Demain, j'ai la ferme intention de récompenser mes parents bien-aimés en arborant le plus radieux des sourires. » Trêve de plaisanteries, le « cadeau » d'un nourrisson est de nature primitive et instinctive. Au risque de vous paraître bassement prosaïque, un ventre affamé déclenchera des hurlements stridents d'impatience. Rien d'autre…

Au fil des années, nous nous comportons comme des êtres de plus en plus indépendants, capables de nous prendre en charge, du moins en apparence. On apprend à s'habiller seul, à se nourrir seul, puis à gagner sa vie. Pourtant, une part de nous-mêmes semble ne jamais devoir franchir le stade de la petite enfance. Pour employer une métaphore, nous gardons profondément enfouie en nous la peur que personne ne soulagera notre faim : faim de nourriture, soif d'argent, désir d'amour, appétit d'éloges, etc. Et, comme tout assouvissement est temporaire par définition, on sait qu'on ne sera jamais définitivement rassasié.

Cruel dilemme que nous vivons au quotidien : nous sommes incapables de donner et d'aimer. Consciemment ou non, nous manipulons les autres, parce qu'il y va de notre survie. Si ses besoins interfèrent avec les nôtres, nous ne pouvons supporter le bien-être d'autrui. Nous nous sentons impuissants, pris au piège, furieux, frustrés, mécontents et insatisfaits. Pour couronner le tout, nous avons peur.

Existe-t-il une chose plus terrifiante que de savoir sa survie dépendante de quelqu'un d'autre ? Adultes tenaillés par la peur, enfants ou nourrissons, même combat ! Les années n'ont rien changé et les questions restent toujours les mêmes : « Vont-ils me quitter ? M'aimeront-ils toujours ? Vont-ils s'occuper de moi ? Vont-ils tomber malades et mourir ? »

La peur empêche de donner véritablement. On est obsédé par l'éventualité d'une carence, d'un manque, comme si notre existence allait manquer de « carburant » et tomber en panne. Pas assez d'amour, pas assez d'argent, pas assez de reconnaissance sociale, pas assez d'attention… Pour résumer : pas assez de tout. Habituellement, la peur prend sa source dans un certain domaine de notre vie. Puis elle s'étend comme une hydre et se généralise. Vient alors la tentation du repli sur soi. On se referme comme une huître et on protège jalousement son territoire. Les gens qui ont peur pourraient être représentés comme des êtres prostrés, accroupis, les bras refermés autour d'eux. Extérieurement, ils ont une tout autre allure. Il peut s'agir d'un brillant homme d'affaires recherchant l'approbation de son supérieur, d'un cadre d'entreprise prenant des décisions dangereuses et irresponsables, d'une mère au foyer reprochant à son mari ou à ses enfants de l'empêcher de vivre sa vie, d'une femme carriériste si exigeante avec les hommes qu'elle se retrouve seule, d'un homme ne pouvant tolérer l'indépendance de son épouse, etc.

À titres divers, toutes ces personnes sont mues par un sentiment de peur qui les fait agir dans le seul intérêt de leur propre survie. Intérieurement, ce sont autant de gens prostrés.

Si vous vous reconnaissez dans ce genre de description, il est temps de mûrir et de redresser la barre. Rares sont les personnes qui détiennent vraiment le secret de la maturité et de la générosité. Comme nous faisons attention à notre santé et à notre corps, nous avons aussi appris à nous méfier de ceux qui pourraient nous flouer ou se servir de nous. C'est pourquoi, à moins de recevoir quelque chose en échange, on se sent comme le dindon de la farce.

Ceci ne veut pas dire qu'il faut s'interdire de jouir d'un « retour » des choses. Quand on donne par amour plutôt que par intérêt, on reçoit souvent plus qu'on ne pouvait imaginer.

Relâcher l'étreinte !

Quand on vit perpétuellement dans l'attente, on perd un temps infini à penser que le monde est décidément trop cruel. C'est dans ce douloureux état d'esprit que j'ai vécu jusqu'à l'âge d'environ trente-cinq ans. Un jour, je me suis enfin rendu compte que, même si je pouvais tout avoir dans la vie, « ce ne serait jamais assez ! ». Plus j'avais, plus j'étais insatisfaite. Je voulais toujours plus d'amour, d'argent, de reconnaissance professionnelle, etc. J'étais dans un état d'angoisse permanent. Je croyais dur comme fer que tout ce que j'obtiendrais finirait par s'évanouir. Et qu'il ne me resterait plus rien au final. Bref, je me cramponnais de toutes mes forces à une foule de choses sans parvenir à jouir de rien.

De toute évidence, une telle attitude ne me profitait guère, ni à quiconque dans mon entourage. Il était temps pour moi de porter un autre regard sur la vie. Comme je vous l'ai déjà dit, j'ai consulté beaucoup d'experts en psychologie, lesquels ont su apporter des réponses à bon nombre de mes questions. En substance, pour me débarrasser de cette peur du manque, j'ai appris que je devais me comporter de manière diamétralement opposée, c'est-à-dire faire le contraire de ce que j'avais toujours fait ! Au lieu de m'agripper désespérément à quelque chose, je devais progressivement relâcher mon étreinte, pour finalement en faire cadeau. Si vous trouvez qu'il n'y a rien de difficile dans les exercices proposés dans ce livre, essayez celui-ci ! Il est facile de donner quand vous vous sentez extraordinairement riche, mais vous ne ressentez cette impression qu'au moment même du don, jamais avant !

Là encore, permettez-moi de vous rappeler que les méthodes proposées ici s'inscrivent dans la durée. Il s'agit d'un processus de longue haleine, mais que vous pouvez commencer à mettre en pratique dès maintenant. Il n'existe pas de potion magique pour devenir adulte. Cela peut prendre beaucoup de temps, et c'est même souvent l'œuvre d'une vie. Personnellement, j'y travaille depuis des années, et je suis loin d'avoir terminé ! Cependant, depuis que je m'applique à devenir généreuse au sens profond du terme, j'ai eu le plaisir immense de constater que mon sentiment de pouvoir personnel, mon aptitude à aimer et ma confiance en moi ont décuplé. Mes angoisses évoquées plus haut ont complètement disparu. J'ai fait des progrès considérables. Si vous y mettez la même persévérance, vous observerez les mêmes résultats, je vous en fais la promesse solennelle !

Remercier

Pensez à toutes les personnes de votre entourage et à celles qui ont compté dans le passé. Écrivez leur nom sur une feuille de papier, puis faites la liste de ce que chacune d'entre elles vous a apporté. Même si ces gens vous ont fait souffrir et que vous les détestez copieusement, mentionnez quelle a été leur contribution à votre vie. Comme pour Marguerite, évoquée au début de ce chapitre, en dépit de ce qu'elle ressentait pour son mari, il lui avait apporté beaucoup. Il est donc tout à fait possible d'envisager une forme de cadeau dans un contexte à première vue négatif.

Un jour, j'ai fait mon *mea-culpa* devant mon fils. C'était pendant mon divorce, et je n'avais pas été assez présente alors qu'il avait moralement besoin de moi. J'étais trop prise dans le tourbillon de mes propres préoccupations pour l'aider lui-même dans cette épreuve. Il m'a répondu : « Je ne t'en veux pas du tout, Maman. C'est à cette période que j'ai appris à devenir indépendant. Ç'a été une leçon inestimable. » C'était fou, il me remerciait pour mes manquements ! En termes de maturité, il en était infiniment plus loin que s'il avait ruminé son amertume pendant toutes ces années. Faites la même chose ! Même si vous constatez que certaines personnes ne vous ont pas toujours bien traité, essayez de trouver quelle leçon vous en avez tiré, et notez-la sur votre liste.

Quand vous aurez achevé de dresser la liste des « cadeaux » offerts par toutes les personnes rencontrées dans votre vie, un vaste chantier s'ouvrira à vous : les remercier toutes une par une. S'il s'agit d'une personne perdue de vue, faites-lui la surprise d'un coup de fil impromptu ou d'une petite lettre, en exprimant simplement votre gratitude pour tout ce qu'elle vous a donné. Vous serez surpris de voir à quel point ce genre de petit geste vous fera plaisir.

Dans certains cas (ex-femme ou ex-mari, ancien ami ou employeur, parents éloignés ou toute personne avec laquelle vous êtes brouillé), le fait de remercier se révélera plus particulièrement difficile. Pour vous aider à éloigner tout sentiment d'amertume et de colère, essayez cette vieille méthode :

Isolez-vous dans une pièce vide et débranchez le téléphone. Mettez de la musique douce. Installez-vous confortablement dans un bon fauteuil, et fermez les yeux. Représentez-vous mentalement un individu qui vous a fait souffrir et que vous détestez. Imaginez-le en face de vous, puis cernez votre image mentale d'une auréole de lumière blanche et apaisante. Ensuite, dites-lui que vous lui souhaitez toutes sortes de bonnes choses – tout ce qu'il peut désirer au monde. Remerciez-le pour ce qu'il vous a apporté. N'arrêtez pas l'exercice tant que vous n'aurez pas senti vos ondes négatives vous quitter.

Dire que cet exercice est malaisé est un doux euphémisme, je le sais bien. Je vous entends d'ici fulminer : « Quoi ? Lui souhaiter de bonnes choses, moi, à cette vieille crapule ? Vous êtes tombée sur la tête ? Je préférerais le voir brûler dans les flammes de l'enfer jusqu'à la nuit des temps ! »

Du calme, je vous en prie ! Laissez-moi vous raconter la première fois où je me suis livrée à cet exercice. J'avais choisi quelqu'un qui avait travaillé autrefois pour moi. Il m'avait causé beaucoup de tort, et j'en avais énormément souffert. Je lui avais fait confiance. Dans mon esprit, il m'avait trahie. Vous noterez au passage une mentalité de victime dans toute sa splendeur ! Évidemment, à cette époque, je ne prenais pas mes responsabilités devant les événements. En faisant cet exercice, j'ai vécu un incroyable cortège d'émotions. D'abord, je me suis violemment heurtée à ma colère et à mon amertume. Je jugeais impossible, même mentalement, de souhaiter à cet individu la moindre chose positive. Ma rage contre lui était telle que j'en étais incapable. Alors que je commençais à m'en délivrer peu à peu, j'ai ressenti à nouveau la souffrance éprouvée autrefois. Mon ressentiment s'est transformé en irritation contre moi-même : je m'en voulais d'avoir laissé les événements prendre une telle tournure, et d'avoir été aussi rancunière. Puis, j'ai réussi à pardonner à chacun d'entre nous. Je suis finalement parvenue à nous considérer tous deux comme des personnes qui avaient fait de leur mieux, chacun à leur manière, à un moment donné. Puis, dans mon image mentale, je nous ai entourés tous les deux de cette belle et paisible lumière blanche.

Il s'était écoulé près d'une heure avant de parvenir à ce résultat. J'ai renouvelé cet exercice tous les jours. En commençant, j'étais persuadée que je n'irais jamais plus loin : je me trompais. Je criais, je pleurais, je haïssais, je m'ouvrais, je pardonnais, j'aimais, je m'apaisais. J'ai continué chaque jour, jusqu'à ne plus ressentir aucun sentiment négatif à son égard. Enfin, j'étais devenue capable de formuler des vœux bienveillants.

J'ai recommencé cet exercice pour toutes les personnes envers lesquelles j'éprouvais un sentiment d'hostilité. L'une d'elles se trouvait être mon ex-mari. Quand j'ai été mentalement capable de le remercier, j'ai pris le téléphone pour l'inviter à déjeuner. Je lui ai simplement dit qu'il y avait certaines choses dont je ne lui avais jamais parlé, et que j'avais envie de lui dire maintenant. Il a eu l'air ravi, et le rendez-vous s'est fixé. Au cours du repas, je lui ai confié tout ce que j'avais vraiment apprécié en lui pendant nos années de mariage. Je lui ai avoué aussi admirer ses qualités humaines. En ouvrant ainsi mon cœur, je provoquais chez lui la même effusion : il s'est mis à son tour à m'adresser des éloges ! En le quittant, ce jour-là, j'avais le sentiment d'avoir complété l'inachevé. Je me sentais merveilleusement bien.

Pour une raison ou une autre, s'il vous est impossible de rencontrer certaines personnes figurant sur votre liste, faites cela mentalement. Parlez-leur comme si elles étaient assises en face de vous, et dites ce que vous avez à dire. La réconciliation doit avoir lieu en vous. Elle aura le même effet bénéfique que si ces personnes étaient physiquement présentes.

Avant d'être en mesure d'accomplir un geste d'amour, il est indispensable d'avoir laissé de côté tout sentiment de souffrance ou de rancune. Lorsque certaines personnes ont déclenché en nous des sentiments négatifs, ils ressurgissent intacts, comme dans le passé. Il existe d'excellents ouvrages traitant de ce sujet, notamment les livres de Louise Hay (*Transformez votre vie ; L'Amour sans condition ; La Force est en vous*, tous aux Éditions Marabout). Vous y trouverez un grand nombre d'exercices qui vous aideront à vous délivrer de votre colère, de votre souffrance, de votre amertume et autres sentiments négatifs accumulés durant votre vie. Je vous les recommande vivement.

Si, en dépit de la méthode de projection mentale que je viens de vous proposer, remercier vous semble encore une chose insurmontable, commencez par des petits riens. Dites par exemple à votre collègue de travail : « Merci de ton aide », ou « J'apprécie », ou encore « Merci pour ta bonne humeur aujourd'hui, elle déteint sur moi », etc.

Merci, merci, merci ! Ce petit mot doit vous venir immédiatement à l'esprit. Dites-le, vous, et n'attendez pas qu'on vous le dise. Cela demande un petit effort au début, mais ce n'est tout de même pas la mer à boire ! Dire merci, c'est comme un muscle qu'on ferait travailler. Plus il est sollicité, plus il se renforce. C'est une simple question d'entraînement.

Partager ses connaissances

Parmi la somme de connaissances accumulées au cours d'une vie, on peut dire que la plus grande partie a été conquise de haute lutte. Pour toutes sortes de (mauvaises) raisons, on a tous plus ou moins une fâcheuse tendance à aimer voir les autres se débattre et en « baver » : chacun son tour, pensons-nous. Oubliez ce détestable penchant, et retournez maintenant la situation. Imaginez que vous allez donner aux autres toute l'aide dont vous êtes capable. Dans certains secteurs professionnels, cela risque de poser problème, surtout en ces temps où la compétition est une valeur vantée à cor et à cris. Je me souviens d'une période de ma vie où je me sentais menacée par ceux que je considérais comme mes « concurrents ». Comme dans un concours, la règle d'or était de cacher toute information susceptible d'aider les autres dans leur travail… J'avais peur, c'est vrai, mais j'ai quand même aidé mes collaborateurs et mes soi-disant rivaux. La plupart d'entre eux sont devenus de grands amis. Ils ne manquent jamais de me soutenir encore aujourd'hui.

Là encore, quand on donne, il ne faut espérer aucune compensation, aucun retour. Cependant, il n'est pas rare de recevoir beaucoup en échange. L'un de mes élèves m'a demandé comment les choses auraient tourné si l'un d'eux avait vraiment utilisé des informations pour me « doubler ». Je lui ai répondu que si je croyais assez en moi pour aider les autres sans me soucier des conséquences, je n'avais absolument rien à craindre. C'est une façon de développer sa confiance en soi et de mieux évoluer dans son environnement. Aider et soutenir les autres, c'est grandir. Et j'irai plus loin encore : en transmettant son savoir à autrui, il ne peut qu'évoluer et se parfaire, c'est-à-dire qu'il va participer à une certaine forme de progrès collectif. J'enfonce ici des portes ouvertes, je le sais bien, mais toutes les découvertes sont faites à partir d'expériences et de constats antérieurs.

Faire des éloges

De manière générale, on éprouve de grandes difficultés à faire l'éloge des personnes qui nous sont les plus proches : conjoint, enfants, parents et même amis. Chez les membres de sa famille ou chez ses intimes, on ne voit trop souvent que les côtés négatifs. Alors on éprouve parfois à leur égard une certaine amertume ou une agressivité qu'on exprime de façon plus ou moins consciente, et avec plus ou moins de violence. Le caractère fréquemment orageux de ces relations est lié au fait que nous attendons encouragements et compliments de ceux que nous aimons, et que nous sommes souvent dépités. Curieusement, si vous parvenez à leur adresser des louanges, vous vous délivrerez de toutes vos rancœurs. Le ciel se dégagera, et vous gagnerez beaucoup en retour.

C'est humain : on a tous besoin d'être entourés de gens généreux, affectueux et enrichissants. Le seul moyen de s'en sortir est de considérer les choses par l'autre bout de la lorgnette : avec les autres, vous devez être comme vous aimeriez qu'on soit avec vous ; devenez le genre de personne dont vous souhaiteriez vous-même vous entourer.

Sceptique en écoutant de tels propos, une élève m'a demandé un jour : « Que se passe-t-il si on donne, sans cesse, encore et toujours, et qu'on ne reçoit jamais rien ? » Je lui ai demandé d'illustrer son propos au moyen d'un exemple. Elle a expliqué qu'elle avait tout donné à l'homme qu'elle aimait. Elle voulait le retenir, mais il avait finalement refusé de rester avec elle. Je crois qu'elle avait perdu de vue l'essentiel. Vous comprendrez comme moi qu'elle ne donnait pas de façon gratuite : elle espérait beaucoup en retour ! De son propre aveu, elle avait le sentiment qu'en se montrant à ce point généreuse, l'homme comprendrait ce qu'il perdait en la quittant, et déciderait de revenir vers elle.

Poliment, je lui ai fait remarquer que son comportement ressemblait plus à une escroquerie bien ficelée qu'à un acte d'amour… À mon avis, elle devait mettre un terme à cette relation, et aller vers un homme qui saurait mieux la combler. Je lui ai rappelé que c'est très bien de donner, mais, quand on n'est pas heureux avec son partenaire, il faut avoir le courage de refermer la porte, avec amour, et de se tourner vers quelqu'un d'autre. Donner, ce n'est pas devenir une carpette ni rétablir l'esclavagisme ! Revendiquer ses besoins est une chose parfaitement légitime. Si vous ne vous sentez pas comblé par l'autre au sein de votre couple, il est inutile et même néfaste de vous laisser gagner par l'amertume.

Donner son temps

On manque tous de temps, du moins en est-on persuadé. Investi aujourd'hui d'une valeur inestimable, le temps est l'un des cadeaux les plus difficiles à offrir. Comment « donner » du temps ? En écoutant les confidences d'un ami en difficulté, en écrivant une lettre de remerciement, en s'impliquant dans une association, un syndicat ou un parti politique, en faisant du bénévolat, en lisant un livre à un enfant, etc. Quelle que soit l'activité choisie, vous devrez prendre sur votre temps. Cela vous aidera à sortir de vous-même pour agir différemment, d'une manière affectueuse, désintéressée et généreuse.

David, l'un de mes élèves, a vécu une expérience qui illustre parfaitement cet acte de générosité. Il avait été visiteur hospitalier à titre bénévole pendant les vacances de Noël. Il parlait de ce qu'il avait vécu comme « une façon d'ouvrir son cœur ». Cela lui avait apporté « un souffle nouveau et différent, loin de l'ordinaire et du futile ». Il se souvenait avoir chanté une chanson à un enfant dans le coma. L'infirmière lui avait dit : « Chantez-lui quelque chose, il vous entend ! » Ce fut pour David un moment inoubliable.

Cet émouvant témoignage a encouragé toute la classe à s'ouvrir à l'expérience enrichissante que constitue le volontariat. « C'est d'une incroyable intensité ! », a-t-il ajouté.

Un grand ami à moi, récemment victime d'une attaque, a connu un sentiment de bonheur comparable au moment des fêtes de Noël. Dans son fauteuil roulant, il était bénévole pour prêter son aide à une célèbre association distribuant des repas gratuits aux sans-abris. L'importance de son rôle lui faisait complètement oublier son handicap.

Le bénévolat est également une façon à la fois magnifique et utile d'occuper ses vacances avec ses propres enfants. L'une de mes amies avait été profondément scandalisée le jour où sa fille, après avoir ouvert ses cinquante-deux cadeaux de Noël, s'est exclamée : « C'est tout ? » À présent, la mère et la fille passent les vacances de fin d'année en tant que visiteuses hospitalières, à l'exemple de David. Mon amie a vu sa fillette se transformer radicalement. Au lieu de se demander ce qu'elle va avoir à Noël, elle passe la majeure partie de son temps à fabriquer des objets et des jouets pour les enfants hospitalisés en pédiatrie.

J'aimerais ajouter un mot à propos du bénévolat dans le milieu associatif. J'ai eu maintes fois l'occasion d'observer les bénévoles pendant que j'étais directrice administrative d'un centre hospitalier alternatif. On peut les distinguer en deux grandes catégories : les gens qui comprennent leur rôle et ceux qui ne le comprennent pas. Quelle différence entre ces deux groupes !

Les seconds font cadeau de leur temps, non dans un esprit de générosité, mais dans un esprit de devoir : « Je dois m'acquitter de ma dette envers la société », pensent-ils. Certains d'entre eux utilisent le bénévolat comme une façon de prouver au monde entier qu'ils sont « des gens bien ». Attention, je n'ai pas dit qu'ils n'étaient d'aucun secours. Certains apportent une aide bien réelle, mais je dois avouer que ce n'est pas le cas de tous, loin de là ! L'orgueil qui motive leur action se révèle souvent un obstacle : ils se préoccupent seulement de satisfaire leur ego. Ainsi, ils deviennent souvent plus un problème qu'un soutien pour le reste de l'équipe. Pire encore, cette expérience ne leur apporte pas grand-chose ni aucun épanouissement personnel.

Les bénévoles qui comprennent leur rôle appartiennent à une espèce radicalement différente. Ils sont présents, silencieux, mais confiants. Ils répondent aux besoins collectifs, et parfois même les anticipent. Ils mettent un point d'honneur à être ponctuels et sont toujours là quand on a besoin d'eux. Ils s'acquittent de n'importe quelle tâche, même les plus ingrates. Ils sont enthousiastes et se savent utiles. Enfin, ils parlent rarement de ce qu'ils font : ils se contentent d'agir.

Comprendre le sens profond de son action est absolument fondamental. Si vous n'avez pas encore parfaitement saisi l'importance de votre rôle dans le monde, faites « comme si » vous l'aviez compris. Posez-vous la question suivante : « Si j'étais vraiment indispensable, que ferais-je dans cette situation ? » Vous verrez, c'est une méthode efficace qui vous aidera beaucoup.

Donner son argent

L'argent pose problème à la plupart d'entre nous. Indépendamment du fait que j'ai, comme on dit, « réussi dans la vie », il y a des moments où je me vois comme une vieille femme de quatre-vingt-deux ans recroquevillée dans un misérable réduit, avec un vieux chat pelé pour toute compagnie… J'ai découvert que je n'étais pas la seule à avoir ce genre de visions. Quelle en est l'explication, je n'en ai pas la moindre idée ! Durant toute mon existence, je n'ai jamais manqué de rien. Paradoxalement, je gagnais mieux ma vie après mon divorce, quand j'ai été obligée de me débrouiller seule, que pendant mon mariage. Malgré tout, j'ai toujours eu la peur lancinante de manquer.

Cette peur persistante n'a souvent aucun rapport avec l'état de son compte en banque. Il y a quelques jours, j'ai lu un article sur un milliardaire qui avouait faire encore des cauchemars, et rêver qu'il était complètement ruiné. Rien n'était jamais suffisant pour cet homme, il lui fallait toujours plus. Dans un film, j'ai un jour noté cette réplique : « La sécurité, ce n'est pas avoir de l'argent, mais savoir que l'on peut éventuellement s'en passer. » À mon avis, le problème s'explique par le fait qu'on ne s'est jamais retrouvé totalement démuni, du moins la plupart d'entre nous. En revanche, un grave revers financier peut apporter une très grande leçon.

Pour guérir l'obsession de manquer dans ce cas, le secret est de desserrer son étreinte pour « libérer » son argent. Dans les limites du raisonnable bien sûr, commencez à « donner », en gardant l'intime conviction que vous aurez toujours la possibilité d'acheter ce que vous voudrez. Une de mes amies a la curieuse habitude d'écrire toujours « merci » au dos de ses chèques lorsqu'elle paye une facture ou son addition au restaurant. C'est sa façon à elle d'exprimer sa liberté : liberté de faire plaisir, d'investir dans les autres et soi-même, et d'être dans le mouvement. Donner de l'argent peut rapporter beaucoup, surtout en termes de tranquillité d'esprit.

J'ai lu un jour cette phrase qui m'a fait sursauter, mais que je trouve très juste : « Celui qui dépense son argent est riche, celui qui le garde à la banque est pauvre. » Vous pouvez posséder des millions, mais vous resterez mentalement pauvre si vous êtes obsédé par l'idée de faire fructifier votre argent. Attention, je n'ai pas dit qu'il fallait dilapider vos biens ! Comme pour tout, pour améliorer votre relation à l'argent, il vous faut trouver le juste équilibre.

Donner de l'amour

Selon moi, tous les actes généreux évoqués jusqu'ici portent en eux un geste d'amour. Mais il y a autre chose dans ce cas précis. Par exemple, en laissant quelqu'un être ce qu'il est sans chercher à le changer, on donne de l'amour. De même, en faisant confiance à l'autre, en acceptant qu'il prenne sa vie en main et qu'il agisse en conséquence, on donne de l'amour. Toutes les fois où l'on n'empêche pas son partenaire de s'épanouir et de suivre son chemin sans sentir sa propre existence menacée, on donne encore de l'amour. Avouez que ce type de relations n'est pas fréquent… Vous en connaissez, vous, dans votre entourage ?

Qu'est-ce qui ressemble souvent à l'amour et qui n'en est pas ? Réponse : le besoin ! Comme l'a écrit un auteur que j'apprécie beaucoup : « On confond souvent amour et dépendance ; en vérité, la capacité d'aimer est toujours proportionnelle au degré d'indépendance. »

Aimer, c'est donc être capable de donner. Et c'est le moment, pour vous, de commencer.

Accepter l'abondance !

J'espère vous avoir convaincu de l'importance de dire merci, de partager ses connaissances, de faire des compliments, de donner de son temps et, pour finir, de donner de l'amour. À vous maintenant d'allonger la liste des dons que vous pouvez offrir au monde. Je suis certaine que vous en êtes capable !

On pourrait représenter la générosité comme une façon de laisser « s'écouler » les bonnes choses que vous possédez en vous. Il faut à tout prix vous débarrasser de votre éventuelle attitude de prostration et de méfiance. Redressez-vous ! Levez-vous et ouvrez vos bras pour embrasser le monde ! Laissez-vous toucher par ce sentiment d'abondance.

Donner en ayant conscience de l'importance de votre geste vous facilitera beaucoup les choses. Bien sûr, ce sera un peu difficile au début, mais, avec la pratique, vous agirez tout naturellement.

Que vous le croyiez ou non, votre vie est d'ores et déjà riche et pleine. Vous ne l'aviez simplement pas remarqué. Avant d'accepter l'abondance, il faut savoir qu'elle existe. Voici une façon simple pour vous aider à ouvrir les yeux. J'appelle cela le « livre d'Abondance ». Achetez-vous un joli petit carnet de notes, et n'hésitez pas à y mettre le prix !

Écrivez toutes les choses positives de votre vie – passées et présentes. Il faut en trouver au minimum cent cinquante, mais il est bien sûr permis d'en inscrire plus. Quand vous aurez tout passé en revue et penserez avoir terminé, creusez-vous encore un peu la tête ! Pensez à tous les petits bonheurs de votre vie, si minimes soient-ils. Mêmes ceux qui vous paraissent les plus futiles, notez-les dans votre carnet !

Chaque jour, vous aurez au moins une occasion d'ouvrir votre carnet et d'y inscrire une chose positive. Avouez que c'est un objet bien plus séduisant que l'agenda dans lequel vous notez les corvées, les formalités administratives à ne pas oublier et vos rendez-vous professionnels ! Le but de votre « livre d'Abondance », c'est de vous faire comprendre : « J'ai tout cela ! » Notez tout événement positif, petit ou grand : compliment d'un ami, sourire et salut du facteur, teint resplendissant, nouvelle coupe de cheveux, vêtement neuf, repas délicieux, etc. L'important, c'est que vous vous rendiez enfin compte de tous les cadeaux que vous offre la vie. Utilisez des pense-bête pour vous aider à regarder toujours le bon côté des choses. Cherchez les « petits bonheurs », et vous en trouverez partout. Ils surgiront de toutes parts. Comment se sentir frustré au milieu d'une telle abondance ?

Si vous suivez cette suggestion, je parie que vous aurez très vite un placard rempli de petits carnets de ce genre. Ouvrez-les souvent, et notamment quand vous éprouvez un sentiment de carence. Le manque est seulement dans votre tête. Les démunis hébergés dans le centre hospitalier où je travaillais comptent parmi les gens les plus généreux que j'aie jamais rencontrés. Ils participaient avec un bel entrain au bien collectif. Ils étaient toujours de bonne humeur. Le manque n'a donc rien à voir avec l'argent ni avec les biens qu'on possède. Il s'agit seulement d'un manque d'amour que vous pourrez facilement « étancher » en prenant conscience que votre vie est pleine et que vous êtes riche.

Devenir utile !

Continuez aussi à lire des livres sur la pensée positive, écoutez vos cassettes d'autosuggestion, et créez de nouvelles affirmations. Pour ma part, j'ai écrit la phrase suivante que j'utilise comme fond de veille sur mon ordinateur : « Je renonce à ma peur de manquer ; j'accepte la richesse et l'abondance de l'univers. » À chaque fois que j'éprouve un quelconque sentiment d'insécurité, je répète cette affirmation. Instantanément, la paix m'envahit. Je reprends conscience de la richesse de ma vie, et de tous les petits bonheurs qu'elle m'apporte chaque jour.

Gardez toujours à l'esprit votre objectif principal : devenir généreux. Quand vous serez conscient d' « avoir », alors vous pourrez donner. Lorsque vous donnerez, vous n'aurez plus rien à craindre. Vous aurez la force et l'amour. Ne faites plus l'erreur de chercher à tout prix à savoir ce que vous pouvez obtenir. Pensez seulement ce qu'il vous est possible de donner.

Faites comme moi, lisez chaque jour le petit texte qui suit ! Il est de la main de l'écrivain et dramaturge irlandais George Bernard Shaw (1856-1950). Cette vision de la vie vous aidera à envisager les choses autrement, de manière constructive. Elle vous donnera le courage de dépasser votre peur. Elle vous aidera à devenir quelqu'un d'« utile ».

« S'il est une authentique joie dans la vie, c'est bien celle de se rendre utile à de nobles causes et d'incarner une force de la nature, plutôt qu'une pauvre chose fébrile et égoïste percluse de griefs contre un monde qui ne répond ni à ses attentes, ni à ses caprices.

Je pars du principe que ma vie appartient à la communauté tout entière. Aussi longtemps que je vivrai, je considère comme un privilège de faire pour elle tout ce qui est en mon pouvoir. Quand je mourrai, je veux être vidé de mes forces : ce sera la preuve que j'aurai travaillé dur, et que ma vie aura été bien remplie. Je jouis de mon existence telle qu'elle est. Pour moi, la vie n'est pas une petite flamme éphémère. C'est un flambeau splendide que je dois brandir. Je veux qu'il brille de mille feux avant de le transmettre aux générations futures. »

Chapitre 11
Cultiver le « soi supérieur »

J'ai évoqué différentes méthodes susceptibles d'augmenter votre confiance en vous et d'embellir votre vie : prononcer des affirmations, pratiquer la pensée positive, prendre ses responsabilités, positiver, choisir le « modèle gagnant », faire « comme si », dire « oui », apprendre à donner, etc. Ces méthodes ouvrent en soi un espace qui, devenant exploitable, permet de « remplir » sa vie et de se sentir comblé.

Le « soi supérieur »

Je donnerais à cet espace le nom de « soi supérieur ». En effet, ce terme évoque parfaitement la hauteur de vue de cette partie de notre moi devant les futilités occasionnant des sentiments comme la peur, la haine, la mesquinerie ou autres formes de négativité. Le « soi supérieur » permet d'envisager l'existence sous un angle nouveau. Il offre la possibilité de s'élever au-dessus des petites contrariétés du quotidien.

Le « soi supérieur » est capable d'un très haut degré d'harmonisation avec le mouvement universel. Il est le réceptacle de vertus magnifiques : la créativité, l'intuition, la confiance, l'amour, la joie, l'inspiration, l'aspiration, l'humanité, la générosité. En fait, il représente ce que nous désirons connaître de tout notre cœur.

On a tous plus ou moins tendance à chercher dans l'« ailleurs » ce qui pourrait remplir sa vie. On se sent emprisonné, seul et vide. Quoi que nous fassions et quelle que soit l'étendue de nos biens, affectifs ou matériels, nous n'éprouvons jamais ce sentiment de plénitude. Cette sensation de vide ou d'intense solitude est le signe qu'on est « hors course », et qu'il est urgent de corriger sa trajectoire. Face à cette crise, on pense souvent qu'il suffit de changer de femme ou de mari, de maison, de voiture, de travail, etc. Mais la vérité est ailleurs.

Je crois que nous sommes tous, au fond, à la recherche de cette divine essence intérieure. Lorsqu'on s'éloigne de ce « soi supérieur », on ressent alors ce que Roberto Assagioli (1888-1974) a fort justement appelé la « divine nostalgie ». Quand vous vous sentez perdu, ou hors circuit, la meilleure chose à faire est d'utiliser les méthodes susceptibles de vous reconnecter avec ce « soi supérieur ». Ainsi et seulement ainsi, vous pourrez libérer des sentiments positifs.

Cherchez le spirituel qui est en vous !

Mais je sens qu'une question vous brûle les lèvres : « Mais où se cache ce " soi supérieur " dont vous nous dites monts et merveilles ? » Chaque être humain est formé de trois composantes : corps, esprit et âme, qui définissent chacune trois grands domaines : le physique, l'intellectuel et le spirituel. Notre société moderne ne s'intéresse essentiellement qu'aux deux premiers. La part spirituelle, qui contient le « soi supérieur », a été, semble-t-il, oubliée en chemin. Peut-être que le XXIe siècle naissant réparera cet oubli, comme l'a prédit André Malraux…

Nul ne s'étonnera donc qu'on soit presque uniquement préoccupé par les parties physiques et intellectuelles de notre individu. Pour aller plus loin, certains d'entre nous n'ont pas même conscience de posséder une part spirituelle en eux.

Ajoutez à cela le fait que le mot « spirituel » éveille toujours des réticences. Pas mal de gens haussent les épaules à sa simple évocation. Ils confondent simplement spirituel et religieux. Et pour tous ceux que la religion indiffère, le terme devient franchement rédhibitoire.

Employé dans un sens psychologique comme je le fais ici, le mot « spirituel » est acceptable pour tous, pour les athées comme pour les croyants de toutes confessions. Quand je parle de spiritualité, je pense au « soi supérieur », source d'amour, de bienveillance, d'abondance, de joie et de bien d'autres qualités. Si vous laissez ce trésor en friche, si vous n'exploitez pas de façon consciente ou inconsciente la part de spiritualité qui est en vous, alors vous allez au-devant d'une perpétuelle insatisfaction.

D'ailleurs, je suis certaine que chacun d'entre nous a déjà agi, au moins une fois dans sa vie, en accord avec sa part spirituelle sans l'avoir identifiée comme telle. Quand vous avez donné quelque chose à quelqu'un, n'avez-vous jamais eu les larmes aux yeux à cause du bien-être que vous ressentiez à ce moment ? N'avez-vous jamais été ému par la beauté d'une œuvre d'art, d'une mélodie, d'un rayon de soleil ou d'une simple fleur ? N'avez-vous pas alors été envahi par un immense sentiment de plénitude ? N'avez-vous jamais pleuré de joie au cinéma, quand le héros surmonte une épreuve difficile ? N'avez-vous jamais pardonné à quelqu'un son comportement odieux, et compris à quel point il souffrait ? Si vous avez déjà éprouvé un ou plusieurs de ces sentiments, alors vous avez agi en accord avec ce fameux « soi supérieur ». Vous avez, en quelque sorte, transcendé le monde de l'insignifiant.

Quand votre part de spirituel vient jouer à l'unisson avec celui d'autres personnes, vous vivez alors une expérience d'une intensité incroyable. Lorsque votre cœur s'est mis à battre à tout rompre lors d'un quelconque événement collectif joyeux, vous avez peut-être eu le sentiment que le monde pourrait être magnifique si l'on tendait tous vers le même but. Cette impression, c'est ce que j'appelle le « soi supérieur collectif », une sensation de fraternité capable de produire une force formidable et un amour d'une rare intensité.

Une force capable
de soulever des montagnes

C'est vrai, un sentiment de pouvoir et de force peut être aussi engendré par le mal. Mais la différence – et elle est de taille –, c'est que vous ne ressentirez pas cette sensation d'accomplissement qui est la signature du « soi supérieur », espace d'amour et de bien. L'éventuel pouvoir que vous apporterait un acte négatif ne soulagerait en rien cette « divine nostalgie » évoquée plus haut. Il vous éloignerait toujours plus de ce vers quoi vous tendez. Quand ce sentiment fugace de pouvoir s'évanouira, vous resterez hagard, seul, et vous éprouverez de nouveau la peur. C'est tout le contraire d'une action en fonction du « soi supérieur », qui vous laissera une impression d'équilibre, de richesse, et de vitalité débordante.

Le « soi supérieur » se manifeste également quand vous accomplissez de « petits miracles » : courage d'affronter le danger pour sauver une vie, pouvoir de mener à bien un travail titanesque, etc. J'ai souvent entendu des gens s'étonner : « Je ne sais pas comment j'ai fait, mais j'ai réussi ! » Leur pouvoir venait justement de ce « soi supérieur ».

Maintenant que les présentations avec le « soi supérieur » sont faites, permettez-moi de vous proposer un schéma simplifié de modèle comportemental. Pour l'instant, il est un peu incompréhensible, j'en conviens ! Et il passe sous silence de nombreux espaces de votre monde intérieur et extérieur. Sa seule vocation est de vous démontrer que chacun peut faire le choix de ce que sera sa vie.

Vous vous souvenez de la « voix intérieure » ? Mais si, cette tendance à monologuer intérieurement et qui a le don de vous rendre fou ! C'est une véritable mine de données négatives. La garce n'en a oublié aucune, les accumulant depuis votre naissance jusqu'à aujourd'hui… Elle contient, en particulier, cet ego puéril qui exige une attention constante, et qui ignore ce que veut dire le mot donner.

Comme le montre le schéma, le conscient dispose de deux sources d'information qu'il envoie ensuite au sub-

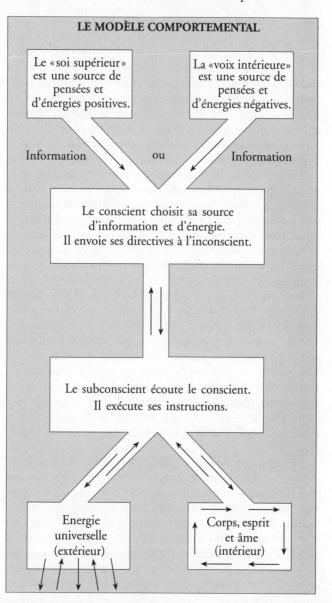

LE MODÈLE COMPORTEMENTAL

Le «soi supérieur» est une source de pensées et d'énergies positives.

La «voix intérieure» est une source de pensées et d'énergies négatives.

Information   ou   Information

Le conscient choisit sa source d'information et d'énergie.
Il envoie ses directives à l'inconscient.

Le subconscient écoute le conscient.
Il exécute ses instructions.

Energie universelle (extérieur)

Corps, esprit et âme (intérieur)

conscient. Bonne nouvelle, nous sommes capables d'orienter son choix vers l'une ou l'autre de ces deux sources. Inutile de préciser celle qu'il convient de privilégier !

Le subconscient accumule une énorme quantité d'informations, qu'il trie et sélectionne comme le ferait un ordinateur. Par exemple, quand vous n'arrivez pas à retrouver un nom, et que, soudainement, il vous revient en mémoire alors que vous n'y croyiez plus, c'est votre subconscient qui a effectué ce travail. Le subconscient prend ses ordres auprès du conscient. Il ne pose aucune question et ne porte aucun jugement. Il ne distingue pas le bien du mal, ni le vrai du faux. Rappelez-vous l'expérience du bras, dans le chapitre 5. Quand le subconscient du sujet entendait « Je suis une personne forte et digne », le bras devenait inébranlable. Lorsqu'il enregistrait « Je suis une personne faible et indigne », le bras n'opposait plus de résistance. Le subconscient réagit en fonction de ce que lui commande le conscient, un point c'est tout !

Comme le montre le schéma, votre mental peut choisir d'écouter les jacasseries négatives de votre « voix intérieure ». Pas de quoi s'étonner dans ce cas, si vous suivez une aussi mauvaise conseillère, que les choses aillent au plus mal ! Votre conscient peut aussi choisir d'écouter le « soi supérieur », gage de force tranquille, d'amour, de générosité et d'abondance. L'ensemble des exercices et des concepts exposés dans ce livre est orienté de telle façon que votre conscient puisse ouvrir sa porte à la richesse de ce « soi supérieur », et faire taire cette infernale « voix intérieure ».

Le conscient est souvent abusé par cette dernière. L'incessant babil de ce monologue intérieur possède une capacité destructrice extraordinairement pernicieuse. Il use et sape les esprits les plus lucides si bien que, pris dans le tourbillon du quotidien, on en oublie parfois d'écouter le « soi supérieur ». Il faut donc rester toujours vigilant et se remettre constamment en question. C'est pourquoi les affirmations, la pensée positive, les cassettes d'autosuggestion, les livres et toutes les méthodes proposées jusqu'à présent jouent un rôle aussi précieux. Le rôle de l'ensemble de ces outils est de dire à votre conscient de ne pas écouter plus longtemps votre « voix intérieure ».

Comme le « soi supérieur », la « voix intérieure » est présente chez chacun d'entre nous. Elle a toujours existé, et elle existera toujours. Inutile de vous lamenter sur le fait qu'elle surgit à tout propos ! N'espérez pas l'abattre ou l'exterminer : elle est indestructible. Vous devez composer avec elle, et faire en sorte que le « soi supérieur » l'emporte.

Les signaux du subconscient

Si vous écoutez votre « voix intérieure », vous vivrez sous le signe de la peur et vous cesserez d'évoluer. Si vous écoutez votre « soi supérieur », vous connaîtrez des expériences enthousiasmantes, en toute sérénité. Mais comme personne n'est parfait, on a plus ou moins naturellement tendance à écouter cette détestable « voix intérieure ». Votre travail doit consister à vous tourner plus volontiers vers le « soi supérieur ». C'est un véritable choix de vie.

Comment se fait-il que les choses s'enchaînent harmonieusement lorsque le conscient choisit l'influence du « soi supérieur », et que tout va de travers quand il suit les conseils de la « voix intérieure » ? J'ai ma petite idée là-dessus ! Quand le subconscient reçoit un ordre du conscient, il semble le transmettre à la fois au corps, à l'esprit et à l'âme. Quand le subconscient entend : « Je suis une personne faible et indigne », il envoie un signal à votre corps qui vous affaiblit physiquement, un autre à votre esprit qui abêtit votre raisonnement, et un dernier à votre moi émotionnel qui développe un sentiment de tristesse et d'impuissance. Et comme si cela ne suffisait pas, il vous envahit d'énergie négative ! Inversement, quand votre subconscient entend : « Je suis une personne forte et digne », il envoie un signal à votre corps qui vous renforce, un autre à votre esprit qui éclaircit votre pensée, et un dernier à votre part émotionnelle qui vous remplit d'assurance et de dynamisme. Et vous êtes envahi d'énergie positive.

L'énergie universelle

Les métaphysiciens parlent des lois de l'énergie universelle. Rassurez-vous, je n'ai pas l'intention de m'étendre sur ce sujet. Sachez seulement que l'une d'elles est la loi dite de l'attraction. En schématisant, elle pourrait se résumer au proverbe : « Qui se ressemble s'assemble. » Quand une énergie négative émane de vous, qu'allez-vous attirer ? De l'énergie négative ! Quand une énergie positive émane de vous, qu'attirez-vous ? De l'énergie positive ! Peut-être que cette constatation très simple vous convaincra définitivement qu'il est impératif d'éduquer votre mental dans le dessein d'avoir seulement des pensées positives.

En transmettant ses ordres, le subconscient se connecte à cette énergie universelle sans laquelle le monde n'existerait pas. Celle-ci enregistre votre « demande » sans porter de jugement. Elle met tout en œuvre pour y répondre, exactement comme votre subconscient. Si vous partez du principe que vous êtes une personne velléitaire et pusillanime, l'univers distribue toutes sortes de messages négatifs. Les gens vous méprisent et se moquent de vous. Vous ne menez jamais à bien rien de ce que vous entreprenez. L'adversité s'acharne contre vous. Enfin, votre sentiment d'impuissance vous empêche de surmonter le moindre obstacle.

A contrario, si vous partez du principe que vous êtes une personne forte et dynamique, l'univers délivre uniquement des messages positifs. Les gens vous respectent et vous traitent avec équité. De grandes et belles choses arrivent à votre portée. Rien ne se met jamais en travers de votre chemin, puisque vous trouvez toujours les moyens de franchir les obstacles.

Peut-être trouvez-vous le concept d'énergie universelle par trop touffu pour le non-initié que vous êtes. Tranquillisez-vous, il n'est pas nécessaire de se pencher sur des dizaines d'ouvrages de métaphysique transcendantale pour explorer ce « soi supérieur » dont je ne cesse de vous vanter les mérites. Sachez seulement que, si vous vous attaquez à une tâche qui vous dépasse, vous sentirez très vite que vous n'êtes pas seul : le monde vous aidera à en venir à bout. Votre sentiment de pouvoir s'en trouvera renforcé, et vos peurs diminueront considérablement. Cela nous renvoie à ce que j'avais appelé « le troisième niveau de la peur » (voir au chapitre 1, p. 18) : « J'ai peur de ne pas m'en sortir. » L'univers peut vous seconder. Vous pouvez donc compter non seulement sur vous-même, mais aussi sur une aide extérieure. Cette double assurance signe la fin de la peur.

Du pouvoir de l'intuition

L'une des méthodes employées par le subconscient pour vous connecter avec ce que vous cherchez est l'intuition. Vous vous êtes certainement dit un jour : « J'ai trouvé ! » C'était votre subconscient qui vous avait parlé. Quiconque en a fait l'expérience ne peut nier qu'en suivant son intuition, c'est la garantie presque certaine qu'un événement heureux surviendra. Apprenez à écouter votre intuition, vous ouvrirez la porte des possibles, et un miracle se produira !

Notre intuition est l'une de nos meilleures conseillères : elle agit toujours pour notre bien. Pourtant, on a pris la mauvaise habitude de l'ignorer. Quel dommage ! Quand j'ai commencé à agir en fonction de mon intuition, j'ai été étonnée de voir se produire de curieuses « coïncidences ». D'ailleurs, mon premier séminaire sur le thème de la peur est le résultat d'une intuition. À l'époque, j'avais vaguement l'idée de donner un cours sur ce thème. J'avais remis ce projet à plus tard, pour diverses mauvaises raisons. L'une d'elles était la suivante : j'avais l'impression que cela me demanderait un énorme travail.

Un jour, alors que j'étais très occupée, je reçus un message fort. Il disait : « Susan, va t'inscrire dans tel centre de séminaires ! » Je ne puis m'expliquer comment ce message a pu m'atteindre. Je n'avais jamais mis les pieds dans ce centre, ni à l'occasion de mes recherches, ni pour suivre des cours. En outre, je n'y connaissais personne. Poussée par la curiosité, j'ai décidé d'aller y faire un tour. J'ai prévenu ma secrétaire que j'allais là-bas. Quand elle m'a demandé ce que j'allais y faire, je lui ai répondu : « Je n'en ai pas la moindre idée ! » Elle me regardait d'un drôle d'air quand j'ai franchi le seuil de la porte...

Je pris un taxi qui me déposa juste devant la porte. En entrant dans le hall, je me disais : « Et maintenant, je fais quoi ? » Je vis un panneau et parcourus la liste des différents départements. Mon regard fut attiré par l'inscription « Psychologie du comportement ». « C'est probablement là que je dois aller », ai-je pensé. Après quelques errements dans un labyrinthe de couloirs, j'ai finalement trouvé la porte du département, ai frappé et suis entrée. Personne à la réception. Je jetai un coup d'œil à travers une porte vitrée et je vis une femme assise à son bureau. Elle me demanda : « Puis-je vous aider ? » Intuitivement, je me surpris à lui répondre : « Je viens donner un cours sur le thème de la peur. » Sans le savoir, je parlais à la directrice du département, une femme formidable... Elle a paru très étonnée, puis a fini par me dire : « Écoutez, je n'arrive pas à y croire ! Cela fait des mois que je cherche quelqu'un pour présenter un séminaire sur ce sujet, et je n'ai jamais réussi à trouver personne ! Vous tombez du ciel. »

Elle me demanda quels diplômes j'avais et la liste de mes publications. Elle semblait satisfaite de mes réponses. S'excusant d'avoir à me presser de la sorte parce qu'elle avait beaucoup à faire, elle me pria d'écrire un petit texte de présentation de mon cours. Ce que je fis immédiatement. Elle le donna à sa secrétaire et s'en alla en me disant qu'elle était vraiment désolée d'avoir eu si peu de temps à me consacrer. En fermant la porte, elle m'informa que mon enseignement commencerait la semaine suivante...

J'étais en état de choc. Je n'étais absolument pas préparée à l'idée de donner un cours. Le projet avait été bouclé en exactement douze minutes ! Il devait me prendre plusieurs mois de travail et je disposais d'une semaine pour le préparer ! La directrice du département de psychologie du comportement voulait une chose, moi aussi, et l'univers nous avait mises en relation. Par quel miracle, j'avoue n'en rien savoir. Tout ce que je sais, c'est que l'événement a pris une forme concrète. Le plus étonnant, c'est que si j'avais vraiment voulu proposer cet enseignement, je me serais adressée ailleurs, dans des structures qui m'étaient plus familières. Mais en tout cas jamais dans ce centre.

Est-il nécessaire d'ajouter que mes premiers pas dans l'enseignement ont représenté un moment décisif dans ma vie ? Cette expérience m'a été extrêmement positive. Elle sonnait si juste que j'ai pris la décision de quitter mon travail, que j'exerçais depuis dix ans, pour devenir enseignante et écrivain.

Vous avez certainement vous-même des exemples encore plus spectaculaires des pouvoirs de l'intuition : vies sauvées, événements extraordinaires, personnes se retrouvant alors que tout les séparait, etc. Nous avons tous accès à ce pouvoir intuitif : il suffit d'écouter les messages que le subconscient nous envoie. Je suppose que les signaux du subconscient résultent d'instructions que nous lui avions données alors que nous en étions tout à fait inconscients. On les a oubliées, mais lui a tout gardé en mémoire et le rappelle à notre bon souvenir au moment où l'on s'y attend le moins. En fait, les choses fonctionnent bien mieux quand on met notre conscient « en veilleuse », sans chercher à étouffer ce trésor qu'on porte en nous. C'est la raison pour laquelle nos meilleures idées surgissent pendant nos moments de détente, ou lorsqu'on fait précisément autre chose que se creuser la tête.

Laissez-vous aller !

Commencez simplement par prêter attention à ces messages venus du subconscient et suivez leurs conseils. Si le signal est : « Appelle telle personne », faites-le sans hésiter. S'il vous dit : « Va à tel endroit », allez-y. Il existe des ouvrages sur l'intuition : je vous les recommande sans réserve, car ils vous aideront à développer cette précieuse source d'inspiration.

Au début, vous aurez peut-être du mal à distinguer votre intuition de votre « voix intérieure ». Attachez-vous à suivre les instructions, et vous verrez bientôt la différence. Pour ma part, j'en suis arrivée au point de répondre à la plupart de ces idées « venues de nulle part » qui me traversent l'esprit. J'ai toujours été stupéfaite des résultats.

Je fais tellement confiance à mon subconscient que, si une chose me tracasse, je me dis simplement : « Quelle solution mon subconscient va-t-il trouver pour me sortir de là ? » Cela me permet de ne plus me tracasser ni de ressasser mes pensées : d'une façon ou d'une autre, facilement et sans effort, une solution apparaîtra. L'heure du coucher est un moment très propice au surgissement des messages intuitifs. Il suffit de se laisser aller et de ne plus penser à rien.

« Centrez-vous ! »

Quand vous êtes contrarié, vous empêchez les bienfaits du « soi supérieur » de pénétrer en vous. Si vous êtes en phase ou « centré » sur lui comme le suggère le schéma suivant, vous vous sentirez envahi par son flux.

L'ENVAHISSEMENT DU FLUX

Soi supérieur

Conscient

Subconscient

Énergie universelle

Tant que vous resterez « centré », il n'y a rien à craindre. Vous exploitez votre source de pouvoir, et tout va bien. Mais comment arriver à vous centrer, surtout à la suite d'une quelconque contrariété ?

• Si vous êtes tourmenté par un problème quelconque, par exemple un emploi que vous désirez obtenir à tout prix, votre anxiété se met à croître. Vous pensez que si, par malheur vous n'obtenez pas ce travail, le monde entier s'écroulera. La « voix intérieure » jette un peu l'huile sur le feu et commence à déblatérer… Elle tente de vous convaincre que ce travail est votre unique planche de salut. Sans lui, vous ne pourrez pas survivre. La « voix intérieure » cherche à vous faire dévier du chemin.

C'est alors qu'il faut mettre en pratique les techniques présentées dans ce livre. Pour vous mettre en bonne condition, commencez par répéter vos affirmations et soignez votre vocabulaire (voir chapitre 3, p. 45). Écoutez de la musique douce ou une cassette d'autosuggestion. Ça y est ! Votre source de pouvoir, espace à l'intérieur duquel vous pouvez considérer le monde extérieur comme sécurisant et riche, est à portée de main. Rappelez-vous qu'il est plus réaliste de penser de façon positive que de manière négative. Et souvenez-vous aussi de l'expérience du bras… L'autosuggestion positive a cela de formidable qu'elle fonctionne même quand on manque de conviction au départ.

Dites-vous :

« Ce travail n'est pas toute ma vie. Si je ne l'obtiens pas, c'est parce qu'il ne correspondait pas à ce qu'il y a de mieux pour moi. Si je suis censé l'obtenir, je l'obtiendrai. À présent, je me détends, je m'en remets à mon subconscient et à l'énergie universelle. Les réponses que je cherche sont en moi. Tout se passe comme sur des roulettes. Je n'ai pas à avoir peur. »

Pendant que vous vous répétez ces vérités, détendez vos muscles. Si vous continuez à vous nourrir de ces affirmations positives avec persévérance, vous sentirez bientôt une douce quiétude vous envahir, physiquement et mentalement. Vous éprouverez une sensation de sécurité. Chaque déclaration positive vous entraînera toujours plus près de votre source de pouvoir. Vous atteindrez un point où tout vous inspire confiance. Si vous agissez de la sorte, sans chercher à entraver le dénouement, vous n'avez aucune crainte à avoir.

Dans les premiers temps, ce « recentrage » exige un peu de patience et une grande concentration. Trouvez un endroit tranquille où vous pourrez rester assis aussi longtemps qu'il faudra pour ressentir cette impression de bien-être. La musique relaxante vous aidera à accélérer les choses. Elle crée une ambiance favorable, et vous isole des bruits extérieurs. À la longue, par le fait d'un certain conditionnement, elle vous mettra dans un parfait état de relaxation dès les premières mesures !

• Comment s'y prendre si la cause de vos tourments n'est pas votre travail, mais votre couple ?

Dites dans ce cas :

« Cette femme (ou cet homme) n'est pas toute ma vie. Si nous sommes faits l'un pour l'autre, nous resterons ensemble. Sinon, tant pis. Je m'en remets à mon subconscient et à l'énergie universelle pour que ma vie de couple soit une réussite. Je suis confiant et sûr que tout ira pour le mieux. Ma vie est riche et pleine. Je n'ai pas à avoir peur. »

• Et qu'en est-il face à des problèmes d'argent ?

Récemment, mon mari et moi avons trouvé la maison de nos rêves. Son prix dépassait sensiblement le budget que nous nous étions fixé. Nous avons tout de même fait une offre. Bien malgré moi, je commençais à être obsédée par cette maison. J'étais fébrile. Ma « voix intérieure » profita de la situation :

« Tu ne trouveras jamais l'argent de l'apport personnel. Si tu vends tes actions, tu n'auras plus un sou vaillant. Et si jamais tu as besoin d'argent pour faire face à un imprévu ? Mais si tu passes à côté de cette maison, tu n'en trouveras plus une aussi belle. Où diable vas-tu trouver cet argent ? »

Très vite, j'ai cherché un fauteuil pour m'asseoir. J'ai commencé à me concentrer sur des affirmations positives pour appeler au secours ce « soi supérieur » qui allait m'aider. J'ai alors affirmé :

« Cette maison n'est pas toute ma vie. Si c'est vraiment celle qu'il me faut, je l'aurai : l'argent viendra facilement et sans effort. Si elle n'est pas pour nous, nous en trouverons une autre tout aussi belle, peut-être même encore plus belle. Je fais confiance à mon subconscient pour me donner toutes les réponses que j'attends. Tout va pour le mieux. Je n'ai pas à avoir peur. »

Aussitôt, mon obsession m'a quittée et une douce quiétude m'a envahie. Chaque fois que je me surprenais à écouter ma « voix intérieure », je retournais vite vers cet espace de calme et de sécurité. Cette maison était bel et bien faite pour nous, car nous n'avons eu aucun mal à réunir l'argent nécessaire. En faisant confiance à l'univers, j'avais l'impression d'avoir fait surgir moi-même les éléments nécessaires à l'aboutissement de ce projet.

Deux maîtres mots : application et régularité

Si nous ne nous concentrons pas sur la quête de la part spirituelle qui est en nous, nous ne connaîtrons jamais la joie, la satisfaction et l'harmonie, c'est-à-dire ce vers quoi nous tendons tous.

Comme tout le reste, cela demande de la pratique. Quand les gens disent « être sur la bonne voie », ou lorsqu'ils comparent la vie à « un voyage », ils font référence à cette vigilance constante dont nous devons faire preuve pour entraîner notre conscient à écouter les leçons du « soi supérieur » que brouillent souvent les interférences de notre « voix intérieure ».

Retournons en arrière et reprenons la grille évoquée au chapitre 8 (voir p. 153). Partons du principe que le « soi supérieur » constitue l'un des compartiments permanents de votre grille. Chaque jour, réservez-vous du temps pour être au calme et vous concentrer sur ce « soi supérieur », en utilisant différentes méthodes : affirmations, cassettes d'autosuggestion, musique de méditation, etc. Le meilleur moment est le matin, parce que vous serez ainsi conditionné pour l'ensemble de la journée. La période qui précède le coucher est aussi bénéfique, comme je l'ai dit, pour trouver la réponse à un problème.

Le compartiment du « soi supérieur » est particulier, parce qu'il est le seul de la grille à influer sur les autres, et qui plus est de manière positive. Depuis ce sommet, dominant la banalité du quotidien, vous allez valoriser tout ce que vous entreprendrez. Imprégné de spiritualité, vous améliorerez la qualité de votre relation avec le monde extérieur : famille, vie professionnelle, contribution au monde, amis, épanouissement personnel, etc. Votre grille doit ressembler au schéma ci-dessous :

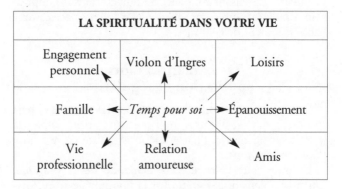

LA SPIRITUALITÉ DANS VOTRE VIE		
Engagement personnel	Violon d'Ingres	Loisirs
Famille	*Temps pour soi*	Épanouissement
Vie professionnelle	Relation amoureuse	Amis

En sollicitant sa part de spiritualité, un flux d'énergies positives et bienveillantes se répand dans chaque domaine de la vie. Ceux d'entre vous qui ont déjà découvert ce trésor comprendront très bien ce que je veux dire. Pour les autres, j'imagine que c'est une heureuse nouvelle !

Le domaine de l'Engagement peut vous aider à rester « centré ». Quand vous vous engagez dans une grande cause, soutenu par le « soi supérieur collectif », vous êtes inondé d'énergie, de force et de motivation. Cela vous aide à apporter votre participation à une chose en laquelle vous croyez de tout votre cœur. Vous pouvez tout aussi bien faire de l'Engagement un compartiment permanent de votre grille. Vous vous souviendrez ainsi que vous avez beaucoup à donner, même si vous en doutez. Et n'oubliez pas que faire « comme si » fonctionne, que vous y croyiez ou non.

Les vertus de la psychosynthèse

Le but de cet ouvrage n'est pas d'explorer le monde spirituel. J'espère cependant avoir aiguisé votre appétit, de sorte que vous aurez envie d'en savoir davantage. Je vous recommande vivement de vous intéresser aux lois de l'univers décrites par les métaphysiciens.

Ne vous laissez pas décourager par le mot « métaphysique », qui désigne simplement la science des réalités qui ne tombent pas sous le sens, ce qui est au-delà de la nature. Les lois de la métaphysique sont très simples à comprendre. Elles peuvent apporter des réponses lumineuses à la plupart des questions concernant les mystères du monde. Elles vous aideront à avoir plus confiance en vous et dans le monde, ce qui constitue le meilleur antidote de la peur. Ces lois exigent la pratique d'une vie entière, comme tout ce que j'ai évoqué dans ce livre. Elles vous montreront la voie à suivre.

Je vous conseille ainsi de vous pencher sur les travaux de Carl Gustav Jung (1875-1961) et de Roberto Assagioli, deux grands noms de la psychologie transcendantale. Assagioli est le fondateur de la psychosynthèse, qui propose de nombreuses techniques permettant de se libérer d'anciens conditionnements, de résoudre des conflits internes (par exemple de remplacer « Je veux qu'on s'occupe de moi » par « Je veux être totalement indépendant »), et de réveiller son potentiel affectif et créatif.

La « visualisation guidée »

L'une des meilleures techniques utilisées par les tenants de la psychosynthèse est ce que l'on appelle la « visualisation guidée ». C'est peut-être la façon la plus rapide d'atteindre le « soi supérieur ». Il existe de nombreux ouvrages sur ce sujet, et je vous suggère vivement de les consulter. Mais, pour connaître vraiment le pouvoir de la « visualisation guidée », rien ne remplacera jamais l'expérimentation.

Pour résumer brièvement, une « visualisation guidée » consiste à fermer les yeux, et à détendre tous les muscles de son corps pendant que l'on écoute les conseils d'une tierce personne. Il faut mobiliser toutes les ressources de votre imagination pour visualiser votre vie telle qu'elle serait si vous étiez exclusivement à l'écoute du « soi supérieur ». D'habitude, votre imagination est plutôt en phase avec votre « voix intérieure », et je n'ai pas besoin de vous répéter qu'il n'y a rien de bon à en attendre… La visualisation guidée, au contraire, vous apprend à débrancher celle-ci, à expérimenter des sentiments nouveaux, et à voir mentalement des images que vous n'aviez jamais vues auparavant. Ces « visions » sont souvent d'une beauté telle qu'elles vous feront monter les larmes aux yeux. Elles peuvent aussi être défavorables, j'entends par là négatives. Elles révèlent alors des aspects de votre personnalité que vous vous étiez cachés. Les découvrir vous sera profitable, car vous pourrez désormais les corriger.

Chez certaines personnes, la création d'images mentales pose problème. Les visualisations guidées restent sans effet sur elles. Si vous êtes dans ce cas, ne vous inquiétez pas ! Utilisez les autres méthodes, notamment les affirmations, pour vous aider à trouver la voie du « soi supérieur ». Toutefois, je ne saurais trop vous recommander d'essayer plusieurs fois avant d'abandonner tout espoir de parvenir à visualiser des images mentales.

Visualisez !

Voici un bref aperçu de la technique de « visualisation guidée » que j'utilise lors de mes séminaires. Vous pouvez l'essayer vous-même. Il suffit d'avoir enregistré au préalable sur cassette les différentes instructions qui suivent. Prenez une voix aussi apaisante que possible ou demandez l'aide d'un tiers. Ménagez de larges temps de pause entre chaque phrase. Ainsi, quand vous les réécouterez, elles produiront tout leur effet. Votre imagination aura ainsi le temps de préciser les visualisations au cours des différents tableaux.

• Prenez place dans un fauteuil confortable, muni d'un haut dossier, les pieds bien à plat sur le sol, les mains sur les genoux. Vous n'avez rien d'autre à faire que d'écouter mes instructions, et d'accepter tout ce qui vous viendra à l'esprit. Il n'y a pas de bonne ou de mauvaise visualisation. Laissez les images venir librement, sans chercher à pratiquer la moindre censure.

• Fermez les yeux. Gardez-les fermés pendant tout le temps que durera la visualisation. Respirez à fond. Inspirez l'énergie positive de l'univers, puis expirez votre énergie positive vers l'univers... Recommencez. Recommencez encore une fois ! Appréciez cette délicieuse sensation de détente qui vous envahit. Commencez par relaxer le sommet de votre tête, et continuez de la même façon jusqu'à l'extrémité des orteils... Détendez-vous. Relâchez le front, les joues, la mâchoire, le nez, les épaules, le dos, les bras, les mains, la poitrine, l'abdomen, les fesses, les jambes, les pieds... N'oubliez aucun muscle de votre corps. Laissez-vous aller complètement !

• Maintenant, je vous demande de penser à quelque chose que vous souhaitez ardemment voir survenir dans votre vie (un grand projet, un objectif, une rencontre amoureuse, etc.), en sachant que la peur vous empêche d'aller plus avant...

• À présent, imaginez-vous en train d'atteindre cet objectif « comme si » vous n'aviez pas peur. Je veux vous voir toucher au but rempli d'un sentiment de pouvoir, de confiance en vous, et de confiance dans les événements...

• Que feriez-vous, si vous n'aviez pas peur ?

• Regardez-vous agir. Que feriez-vous ensuite, si vous n'aviez pas peur ?...

• Regardez les gens autour de vous. Comment sont vos relations avec eux, avec la peur en moins ?

• Quelles sont leurs relations avec vous ?

• Jouissez de ce sentiment de pouvoir et appréciez votre aptitude à aimer et à apporter votre contribution au monde.

• Ce sentiment est toujours en vous, en permanence, au plus profond de vous-même.

• Et il y a aussi, en vous, une aptitude à avancer dans la vie, armé de ce pouvoir et de cette confiance.

• Regardez-vous... réaliser votre objectif... armé de pouvoir... rempli de confiance... plein d'amour... et entièrement motivé...

• Tout doucement, revenez de votre « voyage », sachant que ce pouvoir est à votre portée. Dès que vous aurez commencé à agir, il sera en vous.

• Vous êtes maintenant dans votre fauteuil, présent dans cette pièce. Vous entendez les bruits autour de vous. Quand vous vous sentirez prêt, ouvrez les yeux, tout doucement.

• Étirez-vous et savourez votre pouvoir. Il est là, à portée de main.

D'innombrables applications

Après une telle visualisation, plusieurs de mes élèves m'ont confié que, pour la première fois, ils s'étaient sentis capables de voir à quoi ressemblait le monde sans le sentiment de peur. Ils ont remarqué que, en faisant abstraction de leurs angoisses, ne subsistait plus qu'un immense sentiment d'amour. Ils étaient éblouis par la beauté du monde tel qu'il leur était apparu. Ils s'étaient sentis généreux et investis d'un rôle bénéfique sur l'univers. Si vous n'avez aucune idée de ce à quoi le monde pourrait ressembler sans la peur, vous avez du mal à comprendre vers quoi tendent tous vos efforts. Après la révélation de cette vision, le chemin vous semblera tout tracé ! Faites l'expérience ! Vous saurez si vous êtes en phase ou non avec ce que j'appelle le « soi supérieur ».

Les visualisations peuvent être utilisées à des fins diverses. Elles vous aideront à trouver la réponse à certaines questions que vous vous posez sur le sens de votre vie, à mettre vos objectifs principaux en évidence, ou à révéler d'importantes vérités enfouies au plus profond de vous-même. Dotées d'innombrables applications, elles ouvrent d'étonnants horizons. Rien de surprenant à ce que la visualisation compte parmi les méthodes privilégiées de nombreux enseignants et thérapeutes.

Et si la raison était introuvable ?

Je vous ai décrit de nombreux concepts et livré plusieurs méthodes, mais leur efficacité dépend de votre confiance. On me demande souvent de prouver la véracité de mes propos, mais certaines choses sont impossibles à prouver, du moins à ce jour.

Je ne peux pas démontrer l'existence du « soi supérieur », ni que nous sommes tous connectés à une merveilleuse source d'énergie, riche et harmonieuse. Je ne peux pas prouver non plus que le subconscient puisse faire des « miracles », à la fois en nous et dans notre environnement. Bref, je ne peux pas établir scientifiquement l'efficacité de mes méthodes.

Ce dont je suis sûre, en revanche, c'est que mon existence s'est retrouvée transformée depuis que j'applique ces concepts à moi-même. Je me sens maintenant irrésistiblement attirée par la vie, et par tout ce qu'elle représente. Absolument tout. Je ne peux pas prouver que j'ai raison, mais personne non plus ne peut prouver que j'ai tort… Alors, quand la raison est introuvable, pourquoi la préférer au bonheur ?

J'ai vécu sous l'emprise de ma « voix intérieure », puis sous la houlette du « soi supérieur ». Je dois dire que mon choix est fait. Quel que soit le temps que cela me prendra, je ferai tout pour ouvrir la porte de mon esprit et de mon cœur à toujours plus d'amour, de joie, de créativité, de satisfaction et de paix. C'est le sens de ma vie. Grâce aux techniques proposées dans ce livre, j'ai parcouru une bonne partie du chemin. Je regarde devant moi, animée par la ferme intention d'avancer toujours plus loin. J'ai l'intime conviction qu'on se rencontrera en chemin, si ce n'est déjà fait.

À VOUS DE CHOISIR

J'écoute ma « voix intérieure »	*J'écoute le « soi supérieur »*
J'essaie de contrôler	Je fais confiance
Je ne vois pas mes avantages	J'apprécie mes avantages
J'ai besoin	J'aime
Je suis insensible	Je fais attention
Je suis tourmenté	Je suis en paix
Je manque d'inventivité	Je suis créatif
J'ignore ma valeur	Je connais ma valeur
Je repousse	J'attire
Je fais une différence négative	Je fais une différence positive
Je prends	Je donne et je reçois
Je m'ennuie	Je m'implique
Je suis vide	Je suis comblé
Je doute de moi	J'ai confiance en moi
Je suis insatisfait	Je suis content
Je porte des œillères	Je vois grand
Je vis dans l'attente	Je vis le moment présent
Je suis inutile	Je suis utile
Je ne m'amuse jamais	Je suis rempli de joie
Je suis toujours déçu	Je prends ce qui vient
Je suis rancunier	J'oublie
Je suis stressé	Je suis détendu
Je suis conditionné	Je suis libre
Je me sens dépassé	J'aime mûrir
Je suis faible	Je suis fort
Je suis vulnérable	Je suis en sécurité
Je suis hors course	Je suis sur la voie
Je suis pauvre	J'ai tout
Je suis seul	Je suis lié aux autres
J'ai peur	Je suis motivé

Chapitre 12
Le temps devant soi

À présent, vous avez la tête remplie de toutes sortes d'informations sur la façon de gérer vos angoisses. Et ensuite ? Que puis-je faire pour vous aider à rester sur la voie, alors que vous allez poursuivre votre voyage ?

D'abord, chaque fois que vous en aurez besoin, n'oubliez pas que la motivation et les encouragements contenus dans ce livre seront toujours là, près de vous. Quand vous vous sentirez un peu dépassé par les événements ou déstabilisé, reprenez cet ouvrage et relisez les pages jugées les plus marquantes, celles que vous avez sans doute annotées. Faites « un » avec ce livre, ainsi qu'avec d'autres écrits du même type. D'un simple coup d'œil sur le rayonnage de votre bibliothèque, vous rafraîchirez votre mémoire et retrouverez une profusion de concepts et de moyens susceptibles de vous soutenir dans votre effort.

Patience !

En avançant dans la vie, le plus grand piège à éviter est l'impatience. Elle est simplement une façon de se punir soi-même. Elle occasionne un stress, une sensation d'insatisfaction, et de la peur. Chaque fois que votre « voix intérieure » vous dira d'aller plus vite, demandez-lui : « Qu'est-ce qui presse ? Les choses se déroulent à merveille. Ne t'inquiète pas. Quand je serai prêt à faire le pas, je le ferai. En attendant, j'observe et j'apprends. »

Au moment où l'on prend conscience de son potentiel intérieur, on est tenté de s'en saisir avec avidité, d'en prendre immédiatement possession. Mais plus on cherche à se l'accaparer, plus il nous échappe. La rapidité n'est pas de mise ici. Il existe bien sûr des séminaires, des stages ou des livres et des cassettes proposant des approches rapides qui sont tout à fait valables. Toutefois, les méthodes que vous y trouverez, exactement comme dans cet ouvrage, s'inscrivent toujours dans la durée, et même dans le cadre de toute une vie.

Quand j'évoque l'impatience, je pense à une anecdote vécue avec mon fils quand il était petit garçon. Je lui avais montré comment planter une graine et expliqué que, bientôt, la petite semence deviendrait une belle et grande fleur. Je le laissai alors, le petit pot dans les mains et je vaquai à d'autres occupations. Beaucoup plus tard, je suis retournée dans sa chambre et je l'ai trouvé assis sur une chaise qu'il avait placée juste devant le pot de fleurs. Je lui ai demandé ce qu'il faisait. Il m'a répondu : « J'attends que la fleur apparaisse, Maman. » J'ai réalisé alors que j'avais oublié de lui expliquer quelque chose !

Souvent, c'est quand on baisse les bras, pensant nos efforts inutiles, que les changements se produisent subitement. On en prend conscience longtemps après. Pour terminer ma petite histoire, mon fils a eu la joie de voir sa plante fleurir. Un jour, il s'est réveillé et elle était là. Bien que rien ne semblât devoir survenir, la fleur avait éclos. Il en sera de même pour vous.

Un soir, alors que je lisais devant la cheminée, j'ai mis une bûche sur les cendres à peine incandescentes d'un feu mourant, avant de reprendre ma lecture. De temps en temps, je jetais un coup d'œil distrait sur le feu sans distinguer la moindre flamme. Il n'y avait même pas de fumée signalant la reprise du feu. Soudain, alors que je regardais fixement la cheminée, des flammes ont surgi en un éclair et léché la bûche. « Être patient », c'est tout bêtement « savoir que cela va arriver » et laisser du temps au temps.

Un apprentissage permanent

Là encore, il vous faut avoir confiance : tout se déroulera parfaitement bien. Mais que signifie au juste « parfaitement » ? J'en suis arrivée à croire que la vie nous apporte deux types d'expériences : celles qui nous sont inspirées par le « soi supérieur », et celles qui nous enseignent quelque chose. Les premières sont des instants de pur bonheur, tandis que les secondes ressemblent à des combats. Mais les deux sont « parfaites ». Chaque fois que nous traversons une épreuve difficile, nous comprenons que nous sommes en présence d'une chose encore inconnue. L'univers nous offre la chance d'apprendre. Si l'on fait face à l'épreuve dans un tel état d'esprit, on ne se pose plus en « victime ». Il nous est alors permis de dire « oui ». Quoi qu'il vous arrive, souvenez-vous que c'est toujours parfait.

La vie est un apprentissage permanent. Tant que vous en aurez conscience, vous n'éprouverez jamais le sentiment de n'avoir rien fait de votre existence. L'expérience de ces dernières années m'a démontré que les plus grandes joies de ma vie étaient liées aux défis que j'avais pu relever. Rien n'est plus gratifiant que ces moments où l'on se sent progresser, où l'on découvre quelque chose de neuf sur soi ou sur le monde. C'est comme d'ajouter un élément pour compléter un puzzle. La joie de la découverte est un pur délice. Je ne connais pas d'explorateur qui n'ait souhaité pousser plus loin ses recherches, même après avoir atteint son but.

Prenez votre bâton de pèlerin !

Le grand défi est de rester sur la voie du « soi supérieur ». C'est un voyage bien plus agréable que tous les chemins de traverse que vous pourriez emprunter. Pour savoir si vous n'êtes pas égaré, faites le bilan de votre état d'esprit. Vos sentiments sont d'excellents indicateurs : faites-leur confiance. Si la route que vous suivez ne vous procure ni joie, ni satisfaction, ni créativité, ni amour, ni générosité, vous vous êtes trompé. Ce n'est pas grave. Dites-vous plutôt : « D'accord, j'ai essayé, et ce n'est pas par là. Dans quelle direction puis-je aller maintenant ? » Ne croyez pas qu'en changeant un élément du contexte extérieur, vous bouleverseriez votre monde intérieur. Vous feriez encore fausse route.

De l'alpinisme mental

La direction à prendre est en vous. Cela ne veut pas dire qu'une fois en phase avec le « soi supérieur », vous n'avez plus le droit de rien changer. Des transformations sont bien sûr possibles, mais elles doivent d'abord avoir lieu dans votre esprit. Les « réglages » suivront tout naturellement.

Suivre la bonne voie, c'est comme réaliser l'ascension d'une montagne. La pente est rude mais, à chaque halte, la vue devient toujours plus spectaculaire. Vous contemplez un panorama qui ne cesse de s'étendre. Parallèlement, les imperfections du réel sont gommées par l'altitude, et la nature vous apparaît dans sa radieuse globalité. En poursuivant encore votre ascension, vous vous libérez du poids du monde. Vous vous sentez plus léger et plus libre. Et la beauté de l'univers vous attire vers le sommet…

Comme vous prendrez une constante hauteur de vue, le monde vous inspirera aussi davantage de compassion. Certaines personnes vous semblent odieuses et détestables. Mais en vous élevant, vous prendrez davantage de recul. Vous comprendrez que ces sinistres individus ont mieux à offrir que le spectacle de leur misérable comportement. Ils ont aussi un « soi supérieur », mais ils n'ont pas la chance de l'avoir découvert. Désormais, vous sentirez leur détresse, et vous les jugerez avec moins de sévérité.

L'ascension d'une montagne ne progresse jamais de façon régulière. Vous grimpez avec difficulté, puis la pente devient moins raide. Vous vous arrêtez pour vous reposer et reprendre votre souffle. Il se passera la même chose lors de votre « voyage spirituel ». Vous penserez parfois stagner dans votre évolution. En réalité, vous serez simplement parvenu à un palier, où vous affirmerez et assimilerez vos nouvelles connaissances.

Apprendre et encore apprendre...

Votre apprentissage implique de vous débarrasser de certains comportements que vous traînez depuis la naissance. Parfois vous aurez l'impression d'un éclair de génie, et la transformation vous semblera instantanée. Mais vous vous serez une nouvelle fois fourvoyé. Ces « révélations » résultent de toute une succession d'événements passés. Comme un ordinateur, votre subconscient recherche et trie des données sans que vous en ayez conscience. Au moment où vous aviez abandonné tout espoir, il apporte la réponse. Toutefois, ces « révélations » seront plus fréquentes au fur et à mesure de votre cheminement. La raison de ce processus tient au fait que le conscient offrira de moins en moins de résistance à vos nouveaux mécanismes mentaux. Les premiers pas sont les plus difficiles : ils exigent la plus grande attention de votre part. Alors que vous sentez que vous « tenez » une vérité, l'univers interviendra pour vous prouver que vous êtes dans l'erreur. Méditez cette pensée que j'ai faite mienne : « J'ai fait beaucoup de chemin... peut-être ! » Il y a toujours à apprendre, encore et encore.

L'expérience est la plus grande des sources d'enseignement. C'est pourquoi je suis fascinée par l'idée de maturité, processus évolutif trop souvent méprisé en ces temps où sévit le « jeunisme ». Il faut traverser un grand nombre d'épreuves et vivre d'innombrables situations avant de parvenir à connaître toute la force du pouvoir intérieur. Tant que nous nous considérons comme des êtres épanouis, il n'y a aucune raison de souhaiter revenir en arrière.

Vieillir est pour moi une chose merveilleuse. Allez, je ne résiste pas à l'envie de vous raconter une jolie histoire. C'est le conte du cheval de bois et du lapin en peluche qui parlent de devenir de « vrais animaux ».

« Est-ce que cela fait mal de devenir réel ? », demande le lapin. « Parfois », répond le cheval de bois, car il est toujours sincère. « Quand tu es réel, cela t'est égal d'avoir mal. »

« Est-ce que cela arrive d'un seul coup, comme lorsqu'on est blessé, ou petit à petit ? », demande le lapin.

« Cela n'arrive pas d'un seul coup », dit le cheval. « Tu deviens réel peu à peu. Cela prend du temps. C'est pourquoi cela n'arrive pas souvent à ceux qui se cassent facilement, qui ont des angles aigus, ou qui doivent être manipulés avec précaution. Généralement, le temps de devenir réel, tes poils sont clairsemés, tes yeux sont retombés et tu es complètement disloqué et à moitié déchiré. Mais tout ça n'a aucune importance, parce que, une fois que tu es réel, tu ne peux pas être laid, sauf aux yeux de ceux qui n'ont rien compris. »

Joies et souffrances

Tant d'émotions et de merveilles vous attendent. Parfois, vous connaîtrez la joie de surfer sur la vague. À d'autres moments, vous souffrirez de vous sentir hors course. Souvenez-vous que vous n'êtes pas seul ! Chaque fois que la vie vous infligera une blessure, pensez que le monde est rempli de toutes sortes de choses susceptibles de vous soutenir. L'un de mes élèves m'a dit un jour : « Je lis et je relis des dizaines de livres, et je suppose qu'un jour, il y en a bien un qui finira par agir sur moi ! » Je me suis écriée : « Non ! Rien n'agira à votre place ! »

C'est le cas de ce livre. N'attendez pas qu'il agisse sur vous ! Utilisez-le pour agir ! Usez-le ! Annotez-le ! Vivez-le ! Absorbez-le ! Si vous n'entraînez pas régulièrement cette force qui vous hisse vers le « soi supérieur », elle s'affaiblira, exactement comme un muscle que vous ne faites pas fonctionner. Prenez votre destin en main. Rien ni personne ne fera le travail pour vous : c'est à vous et à vous seul de travailler.

Dites « oui ! » à la vie. Participez. Bougez. Agissez. Écrivez. Engagez-vous. Prenez position. Faites tout ce qui vous paraît bien et profitable. Donnez-vous à fond. Comme l'écrivait le théoricien existentialiste Rollo May (1909-1994) : « Tout être n'a en fait qu'un seul besoin réel dans la vie, c'est d'éprouver l'ensemble de son potentiel. » Il poursuivait en disant que la joie résulte de l'union de toutes nos forces. Pour cette raison, le véritable objectif de la vie est la joie, et non le bonheur.

Mais qu'est-ce que la joie, au fond ? C'est un sentiment qui exprime l'effervescence de la part spirituelle qui est en chacun de nous. La joie est caractérisée par la légèreté, l'humour, le rire et la gaieté. Déridez-vous. Si vous avez déjà rencontré une personne « éclairée », vous avez sans doute été frappé par son humour léger, dénué de toute trace de cynisme, et par sa facilité à rire d'elle-même.

Impliquez-vous !

Parvenue au milieu de l'écriture de ce chapitre, j'ai pris un peu de temps pour participer à une grande chaîne pour la paix. Tandis que nous étions tous debout en train de chanter l'*Hymne à la Joie*, main dans la main, j'observais les visages autour de moi. Pendant ces quelques minutes, chaque participant avait conscience de sa valeur humaine. Tout le monde était joyeux, chaleureux et généreux. Chacun était en phase avec sa spiritualité. Il y avait beaucoup de larmes de joie. C'est tellement bon d'épouser une belle cause. S'impliquer, c'est réduire sa peur. On grandit et on gagne son véritable statut d'adulte. En « grandissant », on va pouvoir tant apporter au monde !

Alors, impliquez-vous ! Mobilisez-vous pour surmonter la peur et vous transcender. Vous pouvez devenir un géant. Vous n'avez pas besoin de bouleverser votre vie entière, mais seulement d'enrichir vos actes du souffle puissant et bienveillant du « soi supérieur ». Que vous soyez employé de banque, femme au foyer, cadre d'entreprise, étudiant, balayeur, enseignant, producteur de cinéma, vendeur, avocat, ou que sais-je encore, il vous suffit de donner. En vivant dans cette optique chaque minute, chaque jour de votre vie, vous vous rapprocherez toujours davantage de votre but. Alors que vous toucherez à l'objet de votre quête, vous pourrez paradoxalement tout faire sans jamais ressentir la peur. La « divine nostalgie » disparaîtra lorsque vous atteindrez l'endroit où se rejoignent tous les êtres humains capables d'amour. Quel que soit le chemin emprunté pour arriver là, TREMBLEZ MAIS OSEZ !

IMPRIMÉ EN ALLEMAGNE PAR GGP MEDIA GMBH, POESSNECK

pour le compte des
Nouvelles Éditions Marabout
D.L. Mai 2013
ISBN : 978-2-501-08773-5
41.31975/01